JÉRUSALEM

CALMANN LÉVY, ÉDITEUR

DU MÊME AUTEUR

Format grand in-18.

AU MAROC.	1 vol.
AZIYADÉ.	1 —
LE DÉSERT.	1 —
L'EXILÉE.	1 —
FANTÔME D'ORIENT.	1 —
FLEURS D'ENNUI	1 —
JAPONERIES D'AUTOMNE	1 —
LE LIVRE DE LA PITIÉ ET DE LA MORT	1 —
MADAME CHRYSANTHÈME.	1 —
LE MARIAGE DE LOTI.	1 —
MON FRÈRE YVES.	1 —
PÊCHEUR D'ISLANDE.	1 —
PROPOS D'EXIL.	1 —
LE ROMAN D'UN ENFANT.	1 —
LE ROMAN D'UN SPAHI	1 —

Éditions illustrées :

MADAME CHRYSANTHÈME, format in-8° cavalier, avec un grand nombre d'aquarelles et de dessins de Rossi et Myrbach	1 vol.
PÊCHEUR D'ISLANDE, format in-8° jésus, nombreuses compositions de E. Rudaux	1 —

ÉMILE COLIN — IMPRIMERIE DE LAGNY

PIERRE LOTI

DE L'ACADÉMIE FRANÇAISE

JÉRUSALEM

« *O crux, ave spes unica !* »

QUARANTE-SEPTIÈME ÉDITION

PARIS
CALMANN LÉVY, ÉDITEUR
ANCIENNE MAISON MICHEL LÉVY FRÈRES
3, RUE AUBER, 3
—
1896

Droits de reproduction et de traduction réservés pour tous les pays, y compris la Suède et la Norvège.

A mes amis, à mes frères inconnus, je dédie ce livre — qui n'est que le journal d'un mois de ma vie, écrit dans un grand effort de sincérité.

PIERRE LOTI

JÉRUSALEM

I

O crux, ave spes unica!

Jérusalem!... Oh! l'éclat mourant de ce nom!... Comme il rayonne encore, du fond des temps et des poussières, tellement que je me sens presque profanateur, en osant le placer là, en tête du récit de mon pèlerinage sans foi!

Jérusalem! Ceux qui ont passé avant moi sur la terre en ont déjà écrit bien des livres, profonds ou magnifiques. Mais je veux simplement essayer de noter les aspects actuels de sa désolation et de ses ruines ; dire quel est, à notre époque transitoire, le degré d'effacement de sa grande ombre sainte, qu'une génération très prochaine ne verra même plus...

Peut-être dirai-je aussi l'impression d'une âme — la mienne — qui fut parmi les tourmentées de ce siècle finissant. Mais d'autres âmes sont pareilles et pourront me suivre; nous sommes quelques-uns de l'angoisse sombre d'à présent, quelques-uns d'au bord du trou noir où tout doit tomber et pourrir, qui regardons encore, dans un inappréciable lointain, planer au-dessus de tout l'inadmissible des religions humaines, ce pardon que Jésus avait apporté, cette consolation et ce céleste revoir... Oh! il n'y a jamais eu que cela; tout le reste, vide et néant, non seulement chez les pâles philosophes modernes, mais même dans les arcanes de l'Inde millénaire, chez les Sages illuminés et merveilleux des vieux âges... Alors, de notre abîme, continue de monter, vers celui qui jadis s'appelait le Rédempteur, une vague adoration désolée...

Vraiment, mon livre ne pourra être lu et supporté que par ceux qui se meurent d'avoir possédé et perdu l'Espérance Unique; par ceux qui, à jamais incroyants comme moi, viendraient encore au Saint-Sépulcre avec un cœur plein de prière, des yeux pleins de larmes, et qui, pour un peu, s'y traîneraient à deux genoux...

II

Lundi, 26 mars.

C'est lundi de Pâques. Arrivés du désert, nous nous éveillons sous des tentes, au milieu d'un cimetière de Gaza. Plus de Bédouins sauvages autour de nous, plus de chameaux ni de dromadaires. Nos nouveaux hommes, qui sont des Maronites, se hâtent de seller et de harnacher nos nouvelles bêtes, qui sont des chevaux et des mulets ; nous levons le camp pour monter vers Jérusalem.

Précédés de deux gardes d'honneur, que nous a donnés le pacha de la ville et qui écartent devant nous la foule, nous traversons longuement les marchés et les bazars. Ensuite, la banlieue, où l'animation du matin se localise autour des fontaines : tout le peuple des vendeurs d'eau est là, emplissant des outres en peau de mouton et les chargeant sur des ânes. Interminables débris de murailles, de portes, amas de ruines sous des palmiers. Et enfin, le silence de la campagne, les champs d'orges, les bois d'oliviers séculaires, le commencement de la route sablonneuse de Jérusalem, où nos gardes nous quittent.

Nous laissons cette route sur notre gauche, pour prendre, dans les orges vertes, les simples sentiers qui mènent à Hébron. Notre arrivée dans la ville sainte sera retardée de quarante-huit heures par ce détour, mais les pèlerins font ainsi d'habitude pour s'arrêter au tombeau d'Abraham.

Environ dix lieues de route aujourd'hui, dans les orges de velours, coupées de régions d'asphodèles où paissent des troupeaux. De loin en loin, des campements arabes, tentes noires sur le beau vert des herbages. Ou bien des villages fellahs, maisonnettes de terre grise serrées autour de quelque petit dôme blanchi à la chaux, qui est un saint tombeau protecteur.

Sur le soir, le soleil, qui avait été très chaud, se voile peu à peu de brumes tristes, semble n'être plus qu'un pâle disque blanc; alors, nous prenons conscience du chemin déjà parcouru vers le nord.

En même temps, nous sortons des plaines d'orges,

pour entrer dans une contrée montagneuse, et bientôt la vallée de Beït-Djibrin, où nous comptons passer la nuit, s'ouvre devant nous.

Vraie vallée de la Terre Promise, où « coulent le lait et le miel ». Elle est verte, d'un vert délicieux de printemps, de prairie de mai, entre ses collines, que des oliviers vigoureux et superbes recouvrent d'un autre vert, magnifiquement sombre. On y marche sur l'épaisseur des herbages, parmi les anémones rouges, les iris violets et les cyclamens roses. Elle est remplie d'un parfum de fleurs et, au centre, miroite un petit lac où boivent à cette heure des moutons et des chèvres.

Sur l'une des collines, est posé le vieux petit village arabe où l'on ramène pour la nuit des troupeaux innombrables ; tandis que l'on dresse notre camp, sur l'herbe haute et fleurie, c'est devant nous un défilé sans fin de bœufs et de moutons, qui montent s'enfermer là, derrière des murs de terre, et que conduisent des bergers en longue robe et en turban, pareils à des saints ou à des prophètes; des petits enfants suivent, portant avec tendresse dans leurs bras des agneaux nouveau-nés. Les dernières vont s'engouffrer entre les étroites rues de boue séchée, plusieurs centaines de chèvres noires, qui cheminent en masse compacte, comme une longue traînée ininterrompue, d'une couleur et d'un luisant de corbeau; c'est inouï, ce que ce hameau de Beït-Djibrin peut contenir!... Et, au passage de toutes ces bêtes, une saine odeur d'étable se mêle au parfum de la tranquille campagne.

La vie pastorale d'autrefois est ici retrouvée, la vie biblique, dans toute sa simplicité et sa grandeur.

III

Mardi, 27 mars.

Vers deux heures du matin, quand la nuit pèse de sa plus grande ombre sur ce pays d'arbres et d'herbages, de longs cris chantants extrêmement plaintifs, extrêmement doux, partent de Beït-Djibrin, passent au-dessus de nous, pour se répandre au loin dans le sommeil et la fraîcheur des campagnes : appel exalté à la prière, remettant en mémoire aux hommes leur néant et leur mort... Les muézins, qui sont des bergers, debout sur leurs toits de terre, chantent tous ensemble, comme en canon et en fugue — et toujours c'est le nom d'Allah, c'est le nom de Mahomet, surprenants et sombres, ici, sur cette terre de la Bible et du Christ...

***

Nous nous levons à l'heure matinale où sortent les troupeaux pour se répandre dans les prairies. La pluie, la bienfaisante pluie inconnue au désert, tambourine sur nos tentes, arrose abondamment cet éden de verdure où nous sommes.

Le cheik de la vallée vient nous visiter, s'excusant d'avoir été retenu hier au soir, dans des pâturages éloignés où gîtaient ses brebis. Nous montons au village avec lui, malgré l'ondée incessante, marchant dans les hautes herbes mouillées, dans les iris et les anémones, qui se courbent sous le passage de nos burnous.

En ce pays, près de l'antique Gaza et de l'antique Hébron, Beït-Djibrin, qui n'a guère plus de deux mille ans, peut être considérée comme une ville très jeune. C'était la Bethogabris de Ptolémée, l'Eleutheropolis de Septime-Sévère, et elle devint un évêché au temps des croisades. Aujourd'hui, les implacables prophéties de la Bible se sont accomplies contre elle, comme d'ailleurs contre toutes les villes de la Palestine et de l'Idumée, et sa désolation est sans bornes, sous un merveilleux tapis de fleurs sauvages. Plus rien que des huttes de bergers, des étables, dont les toits de terre sont tout rouges d'anémones; des débris de puissants remparts, éboulés dans l'herbe; sous la terre et les décombres, sous le fouillis des grandes acanthes, des ronces et des asphodèles, les vestiges de la cathédrale où officièrent les évêques Croisés : des colonnes de marbre blanc aux chapiteaux corinthiens, une nef à son dernier degré de délabrement et de ruine, abritant des Bédouins et des chèvres.

Il est de bonne heure encore quand nous montons à cheval pour commencer l'étape du jour, sous un ciel couvert et tourmenté d'où cependant les averses ne tombent plus. Suivant une pente ascendante vers les hauts plateaux de Judée, nous cheminons jusqu'à midi par des sentiers de fleurs, au milieu de champs d'orges, entre des séries de collines que tapissent des bois d'oliviers aux ramures grises, aux feuillages obscurs.

Comme au désert, c'est pendant la halte méridienne que nous dépasse la caravane de nos bagages et de nos tentes, — caravane bien différente de celle de là-bas : par les petits chemins verts, cortège de mules qui sont conduites par des Syriens aux figures ouvertes et qui marchent au tintement de leurs colliers de clochettes; en tête, la *mule capitane*, la plus belle de la bande et la plus intelligente, har-

1.

nachée de broderies en perles et en coquillages, ayant au cou la grosse cloche conductrice que toutes les autres entendent et suivent...

A mesure que nous nous élevons, les pentes deviennent plus raides et le pays plus rocheux ; les orges font définitivement place aux broussailles et aux asphodèles.

Vers trois heures, en débouchant d'une gorge haute qui nous avait tenus longtemps enfermés, nous nous trouvons dominer tout à coup des immensités inattendues. Derrière nous et sous nos pieds, les plaines de Gaza, la magnificence des orges, unies dans les lointains comme une mer verte, et, au delà encore, infiniment au delà, un peu de ce désert d'où nous venons de sortir, apparaissant à nos yeux pour la dernière fois, dans un vague déploiement rose. En avant, c'est une région très différente qui se découvre ; jusqu'aux vaporeuses cimes du Moab qui barrent le ciel, paraît monter un pays de pierres grises, entièrement travaillé de mains d'hommes, où des petits murs réguliers se superposent à perte de vue : les vignes étagées d'Hébron, de siècle en siècle reproduites aux mêmes places depuis les temps bibliques.

Elles sont sans feuilles, ces vignes, parce que l'avril n'est pas commencé; on voit leurs ceps énormes se tordre partout sur le sol comme des serpents au corps multiple; la couleur d'ensemble n'en est pas changée, — et ce sont des campagnes tristes, tout en cailloux, tout en grisailles, où à peine quelque olivier solitaire de loin en loin montre sa petite touffe de feuillage noir.

Là-bas, serpente quelque chose comme un long ruban blanc, où nos sentiers vont aboutir : une route, une vraie route carrossable comme en Europe, avec son empierrement et sa poussière! Et, en ce moment même, deux voitures y passent!... Nous regardons cela avec des surprises de sauvages.

C'est la route qui vient de Jérusalem, et nous allons, nous aussi, la suivre ; elle descend vers Hébron, entre d'innombrables petits murs enfermant des vignes et des figuiers. — Il y a un certain bien-être tout de même à retrouver cette facilité-là, après tant de cailloux, de rocs pointus, de pentes glissantes, de dangereuses fondrières, où depuis plus d'un mois nous n'avons cessé de veiller sur les pieds de nos bêtes...

Deux voitures encore nous croisent, remplies de

bruyants touristes des agences : hommes en casque de liège, grosses femmes en casquette loutre, avec des voiles verts. Nous n'étions pas préparés à rencontrer ça. Plus encore que notre rêve oriental, notre rêve religieux en est froissé. — Oh! leur tenue, leurs cris, leurs rires sur cette terre sainte où nous arrivions, si humblement pensifs, par le vieux chemin des prophètes!...

Heureusement, elles s'en vont, leurs voitures; elles se hâtent même de filer avant la nuit, car Hébron n'a pas encore d'hôtels, Hébron est restée une des villes musulmanes les plus fanatiques de Palestine et ne consent guère à loger des chrétiens sous ses toits...

Entre des collines pierreuses, couvertes de séries de terrasses pour les vignes, Hébron commence d'apparaître, Hébron, bâtie avec les mêmes matériaux que les murs sans fin dont les campagnes sont remplies. Dans un pays de pierres grises, c'est une ville de pierres grises; c'est une superposition de cubes de pierres, ayant chacun pour toiture une voûte de pierres, tous pareils, tous percés des mêmes très petites fenêtres cintrées et réunies deux à deux.

Un ensemble net et dur, qui surprend par son absolue uniformité de contours et de couleurs, et que cinq ou six minarets dominent.

Suivant l'usage, nous campons à l'entrée de la ville, au bord de la route, dans un lieu où croissent quelques oliviers. Nos mules à clochettes nous ayant à peine devancés aujourd'hui, nous présidons nous-mêmes à notre déballage de nomades, au milieu de nombreux spectateurs, musulmans ou juifs, silencieux dans de longues robes.

Nos tentes montées, il nous reste encore une heure de jour. Le soleil, très bas, dore en ce moment les monotonies grises d'Hébron et de ses alentours, l'amas des cubes de pierres qui composent la ville, la profusion des murs de pierres qui couvrent la montagne.

Nous montons à pied vers la grande mosquée, dont les souterrains impénétrables renferment les authentiques tombeaux d'Abraham, de Sarah, d'Isaac et de Jacob.

Arabes et Juifs circulent en foule dans les rues, et les couleurs de leurs vêtements éclatent sur la teinte neutre des murailles, que ne recouvre ni chaux ni peinture.

Quelques-unes de ces maisons semblent vieilles comme les patriarches; d'autres sont neuves, à peine achevées; mais toutes sont pareilles : mêmes parois massives, solides à défier des siècles, mêmes proportions cubiques et mêmes petites fenêtres toujours accouplées. Dans cet ensemble, rien ne détonne, et Hébron est une des rares villes que ne dépare aucune construction d'apparence moderne ou étrangère.

Le bazar, voûté de pierres, avec seulement quelques prises de jour étroites et grillées, est déjà obscur et ses échoppes commencent à se fermer. Aux devantures, sont pendus des burnous et des robes, des harnais et des têtières de perles pour chameaux; surtout de ces verroteries, bracelets et colliers, qui se fabriquent à Hébron depuis des époques très reculées. On y voit confusément; on marche dans une buée de poussière, dans une odeur d'épices et d'ambre, en glissant sur de vieilles dalles luisantes, polies pendant des siècles par des babouches ou des pieds nus.

Aux abords de la grande mosquée, des instants de nuit, dans des ruelles qui montent, voûtées en ogive, comme d'étroites nefs; le long de ces passages, s'ouvrent des portes de maisons millénaires, ornées d'informes débris d'inscriptions ou de sculptures, et nous frôlons en chemin de monstrueuses pierres de soubassement qui doivent être contemporaines des rois hébreux. A cette tombée de jour, on sent les choses d'ici comme imprégnées d'incalculables myriades de morts ; on prend conscience, sous une forme presque angoissée, de l'entassement des âges sur cette ville, qui fut mêlée aux événements de l'histoire sainte depuis les origines légendaires d'Israël... Que de révélations sur les temps passés pourraient donner les fouilles dans ce vieux sol, si tout cela n'était si fermé, impénétrable, hostile !

> Abraham enterra donc sa femme Sara dans la caverne double du champ qui regarde Manbré, où est la ville d'Hébron, au pays de Chanaan. (*Genèse*, XXIII, 19.)

Nous retrouvons la lumière dorée du soir, au sortir de l'obscurité des ruelles voûtées, en arrivant au pied de cette mosquée d'Abraham. Elle est située à mi-hauteur de la colline, qui s'entaille profondément pour la recevoir. Elle couve sous son ombre farouche le mystère de cette caverne double de Macpélah où, depuis quatre mille ans bientôt, le patriarche dort avec ses fils.

La caverne, achetée quatre cents sicles d'argent à Éphron l'Éthéen, fils de Séor!... Les Croisés sont les derniers qui y soient descendus et on n'en possède pas de description écrite plus récente que celle d'Antonin le Martyr (vi[e] siècle). Aujourd'hui, l'entrée en est défendue même aux musulmans. Quant aux chrétiens et aux juifs, la mosquée aussi leur est interdite; ils n'y pénétreraient ni par les influences, ni par la ruse, ni par l'or, — et, il y a une vingtaine d'années, quand elle s'ouvrit pour le prince de Galles sur un ordre formel du sultan, la population d'Hébron faillit prendre les armes.

On laisse seulement les visiteurs faire le tour de ce lieu saint, par une sorte de chemin de ronde, encaissé entre les murailles hautes. Toute la base du monument est en pierres géantes, d'aspect cyclopéen, et fut construite par le roi David, pour honorer magnifiquement le tombeau du père des Hébreux; cette première enceinte, d'une durée presque éternelle, avait environ deux mille ans quand les Arabes l'ont continuée en hauteur par le mur à créneaux de la mosquée d'aujourd'hui, qui est déjà si vieille.

Il y a, presque au ras du sol, une fissure par

laquelle on permet aux chrétiens et aux juifs de passer la tête, en rampant, pour baiser les saintes dalles. Et, ce soir, de pauvres pèlerins israélites sont là, prosternés, allongeant le cou comme des renards qui se terrent, pour essayer d'appuyer leurs lèvres sur le tombeau de l'ancêtre, tandis que des enfants arabes, charmants et moqueurs, qui ont leurs entrées dans l'enclos, les regardent avec un sourire de haut dédain. Les parois et les abords de ce trou ont été frottés depuis des siècles par tant de mains, tant de têtes, tant de cheveux, qu'ils ont pris un poli luisant et gras. Et d'ailleurs, toutes les grandes pierres de l'enceinte de David luisent aussi, comme huileuses, après les continuels frôlements humains ; c'est que ce lieu est un des plus antiques parmi ceux que les hommes vénèrent encore, et, à aucune époque, on n'a cessé d'y venir et d'y prier.

Le chemin de ronde, en s'élevant sur la colline, passe, à un moment donné, au-dessus du sanctuaire ; alors la vue plonge entre les murs sacrés, sur les trois minarets qui indiquent l'emplacement des trois patriarches ; le minaret du milieu, qui, paraît-il, surmonte le tombeau d'Abraham, est informe comme un rocher, sous les couches de chaux amoncelées, et se termine par un gigantesque croissant de bronze.

C'est ici le « champ qui regarde Manbré » ; la silhouette, à peu près immuable, des collines d'en face devait être telle, le jour où Abraham acheta à Éphron, fils de Séor, ce lieu de sépulture. La scène de ce marché (*Genèse*, XXIII, 16) et l'ensevelissement du patriarche (*Genèse*, XXV, 9), on peut presque reconstituer tout cela d'après ce qui se passe de nos jours entre les pasteurs simples et graves des campagnes d'ici ; Abraham devait ressembler beaucoup aux chefs de la vallée de Beït-Djibrin ou des plaines de Gaza. En ce moment, tout l'antérieur effroyable des durées s'évanouit comme une vapeur ; nous sentons, derrière nous, remonter de l'abîme, les temps bibliques, à la lueur du jour finissant...

« Ensevelissez-moi avec mes pères dans la caverne double qui est au champ d'Éphron, Héthéen — prie Jacob, mourant sur la terre d'Égypte — c'est là qu'Abraham a été enseveli avec Sara, sa femme. C'est là aussi où Isaac a été enseveli avec Rébecca, sa femme, et où Lia est aussi ensevelie. » (*Genèse*, XLIX, 29, 31.)

Et ceci est unique, sans doute, dans les annales des morts : cette sépulture, primitivement si simple, qui les a réunis tous, n'a cessé, à aucune époque de l'histoire, d'être vénérée, — quand les plus somptueux tombeaux de l'Égypte et de la Grèce sont depuis longtemps profanés et vides. Vraisemblablement même, les patriarches continueront de dormir en paix durant bien des siècles à venir, respectés par des millions de chrétiens, de musulmans et de juifs.

∗
∗ ∗

Le crépuscule éclaire encore, quand nous regagnons nos tentes au bord de la route. Alors défile devant nous tout ce qui rentre des champs pour la nuit : laboureurs, marchant nobles et beaux dans leurs draperies archaïques; bergers, montés bizarrement sur l'extrême-arrière de leurs tout petits ânes ; bêtes de somme et troupeaux de toute sorte, où dominent les chèvres noires, aux longues oreilles presque traînantes dans la poussière.

En face de nous, de l'autre côté du chemin, coule une fontaine sans doute très sainte, car une foule d'hommes et de petits enfants y viennent, avec de longues prosternations, faire leur prière du soir.

∗
∗ ∗

Nuit bruyante comme à Gaza; aboiements des chiens errants ; tintements des grelots de nos mules;

hennissements de nos chevaux, attachés à des oliviers tout près de nos tentes; — et, du haut des mosquées, chants lointains et doux, que des muézins inspirés laissent tomber sur la terre...

IV

Mercredi, 28 mars.

A l'heure fraîche où les bergers d'Hébron mènent leurs troupeaux aux champs, nous sommes debout. Le camp levé, nous montons à cheval, au milieu de tout un grouillement noir de chèvres et de chevreaux qui s'en vont errer au loin sur les pierreuses collines.

C'est une tranquille matinée pure, embaumée de menthe et d'autres aromes sauvages. Vers Bethléem, où nous arriverons à deux ou trois heures, nous cheminons distraitement, ayant pour un temps oublié toute notion des lieux. La campagne ressemble à certaines régions arides de la Provence ou de l'Italie, avec toujours ses milliers de petits murs, enfermant des vignes ou de maigres oliviers. Et puis, il y a cette route carrossable, qui confond nos idées ; depuis hier, nous n'avons pas eu le temps de nous y réhabituer encore. Enfin, il y a l'amusement de nos costumes arabes, que nous portons aujourd'hui pour la dernière fois — et qui mystifient deux bandes de touristes des agences en marche vers Hébron : tandis qu'ils nous dévisagent comme de grands cheiks, leur guide syrien explique comme quoi nous sommes des *Moghrabis*, c'est-à-dire des hommes de ce vague Moghreb (Occident) qui, pour les Arabes de Palestine, commence à l'Égypte pour finir au Maroc. En effet, de ce côté-ci du désert, les grands voiles de laine blanche dont nous nous sommes enveloppés ne se portent plus et désignent tout de suite les quelques pèlerins de distinction venus des contrées occidentales.

Notre recueillement, amassé dans les précédentes solitudes, s'est pour l'instant évanoui, à la réapparition des voyageurs modernes et des voitures. Éveillés de notre rêve grand et naïf, retombés de très haut, nous sommes devenus de simples « Cook », avec cette aggravation d'être déguisés, par une fantaisie puérile qui tout à coup nous gêne.

Cependant, la campagne peu à peu reprend une mélancolie spéciale et si profonde !... Les vignes, les oliviers, les petits murs ont disparu; plus que des broussailles et des pierres, avec çà et là des asphodèles, des semis d'anémones rouges ou de cyclamens roses. Le ciel s'est voilé d'un brouillard gris perle, d'abord très ténu, très diaphane, mais qui tend à s'épaissir, et la lumière baisse. L'heure de croiser les quelques touristes, qui *font* Hébron aujourd'hui, est passée, et nous ne rencontrons plus que des files de lents chameaux, ou des groupes d'Arabes à cheval, beaux et graves, échangeant le salam avec nous.

La lumière baisse toujours, sous ce brouillard épaissi, qui n'est ni un nuage, ni une brume ordinaire, ni une fumée; mais quelque chose de très particulier, comme l'enveloppement des visions douces.

De loin en loin, quelque grande ruine, mutilée, incompréhensible, debout et haute, regarde au loin l'abandon morne de cette Judée qui jadis fut le point de mire des nations.

Maintenant, plus rien que des pierres, les dernières broussailles ont disparu; un sol tout de pierres, sur lequel de grands blocs détachés gisent ou s'élèvent. Et, dans ce pays si vieux, à peine distingue-t-on les vrais rochers des débris de constructions humaines, restes d'églises ou de forteresses, tertres funéraires ou tombeaux qui font corps avec la montagne. De distance en distance, à moitié obstruées, à moitié enfouies, s'ouvrent des portes de sépulcres, tout au bord de cette route — que nous suivons pensifs et de nouveau recueillis, à mesure que passe l'heure, pénétrés de je ne sais quelle très indicible crainte à l'abord de ces lieux qui s'appellent encore Bethléem et Jérusalem...

Toujours plus désolée et plus solitaire, la Palestine se déroule, infiniment silencieuse. A part cette route si bien aplanie, c'est presque le désert retrouvé, — un désert de pierres et de cyclamens, moins éclairé et plus septentrional que celui d'où nous venons de sortir. Et les grandes ruines informes, vestiges de temples, derniers pans de murs de saintes églises des croisades, regardent toujours la vaste et triste campagne, s'étonnant de la voir aujourd'hui si à l'abandon ; témoins des âges de foi à jamais morts, elles semblent attendre quelque réveil qui ramènerait vers la terre sainte les peuples et les armées... Mais ces temps-là sont révolus pour toujours et les regards des hommes se portent à présent vers les contrées de l'Occident et du Nord, où les âges nouveaux s'annoncent, effroyables et glacés. Et ces ruines d'ici ne seront jamais relevées, — et personne ne vient plus en Palestine, que quelques derniers pèlerins, isolés et rares, ou alors une certaine élite de blasés curieux, pires profanateurs que les Sarrasins ou les Bédouins...

L'espèce de buée immense dont l'air est rempli continue d'obscurcir le soleil, qu'on ne voit bientôt plus ; elle atténue les choses lointaines dans un effacement étrange. Les collines de pierres, du même gris violacé que le ciel de cette matinée, se succèdent de plus en plus hautes, mais avec des silhouettes rondes toujours semblables, avec des contours adoucis où rien ne heurte la vue, — comme si c'étaient des nuages. Dans les vallées ou sur les cimes, le sol est pareil, couche uniforme de pierres exfoliées, piquées de myriades de petits trous, qui rappellent la nuance et le grain de l'écorce des chênes lièges. — Et c'est ainsi partout, sous l'atténuation de cette vapeur persistante qui se condense d'heure en heure davantage. Un ciel gris perle et un pays gris perle, sans un arbre, dans la monotonie duquel des maisonnettes de pâtres ou des ruines, très clairsemées, font des taches d'un gris plus rose.

A travers ce demi-jour d'éclipse, nos esprits pressentent anxieusement l'approche des lieux saints. Tout un passé, toute une enfance personnelle et tout un atavisme de foi revivent momentanément au fond de nos cœurs, tandis que nous cheminons sans parler, tête baissée, reposant nos yeux sur les éternelles petites fleurs des printemps d'Orient qui bordent la route, cyclamens, anémones et pentecôtes...

Plus élevées encore, les montagnes nous maintiennent dans plus de pénombre; les brumes inégalement transparentes en changent les proportions et les augmentent; un grand silence règne au plus profond de ces vallées de pierres, où ne s'entend que le pas de nos chevaux...

Et tout à coup, là-bas, très haut en avant de nous, au sommet d'une des plus lointaines montagnes gris perle, s'esquisse une petite ville gris rose, indécise de teinte et de contours comme une ville de rêve, apparaissant presque trop haut au-dessus des régions basses où nous sommes; cubes de pierre rosée, avec des minarets de mosquées, des clochers d'églises — et notre guide nous l'indique de son lent geste arabe, en disant : « Bethléem !... »

Oh ! Bethléem ! Il y a encore une telle magie autour de ce nom, que nos yeux se voilent... Je retiens mon cheval, pour rester en arrière, parce que voici que je pleure, en contemplant l'apparition soudaine; regardée du fond de notre ravin d'ombre, elle est, sur ces montagnes aux apparences de nuages, attirante là-haut comme une suprême patrie... Bien inattendues, ces larmes, mais souveraines et sans résistance possible; infiniment désolées, mais si douces : dernière prière, qui n'est plus exprimable, dernière adoration de souvenir, aux pieds du Consolateur perdu...

> J'ai fait faire des ouvrages magnifiques. J'ai fait des jardins et des clos où j'ai mis toutes sortes d'arbres. J'ai fait faire des réservoirs d'eau pour arroser les plants des jeunes arbres. » (*Ecclésiaste*, II, 4, 5, 6.)

Nous devons faire la halte de midi dans une vallée, auprès des citernes du roi Salomon, et n'entrer que vers trois heures à Bethléem, qui, derrière un tournant de montagne, vient de disparaître.

Dans un bas-fond, triste et abandonné comme toute la Palestine, nous rencontrons ces citernes, somptueux bassins qui approvisionnaient jadis le palais d'été de l'*Ecclésiaste*. Depuis des millénaires, tout à disparu, les palais, les jardins, les arbres, et il n'y a plus autour qu'un désert de pierrailles et d'asphodèles.

Une grande ruine imposante se dresse pourtant auprès des réservoirs; un carré de murailles à créneaux sarrasins, flanqué, sur ces quatre angles, de lourdes tours également crénelées. Sous le pâle soleil de midi, qui perce à peine le gris lilas des brumes, deux de ses faces sont rosées et les deux autres bleuâtres — celles de l'ombre. Ses farouches créneaux alignent leurs séries de pointes sur le ciel. Coupée de brèches et de lézardes, seule, triste, immense et haute dans ce pays dénudé, elle est une citadelle du grand Saladin, édifiée là bien des siècles après la destruction des palais de l'*Ecclésiaste*, et aujourd'hui, débris à son tour. Un petit Arabe, tout enfant, perché sur un dromadaire, qui sort de cette forteresse par une monumentale ogive, nous adresse un salam respectueux, comme à des cheiks moghrabis, — et nous prenons place, avec nos chevaux, à la grande ombre des murs.

Deux autres groupes viennent bientôt s'asseoir à la même ombre, s'espaçant dans la longueur des formidables murailles : quatre prêtres grecs, en tournée d'archéologie, qui font sur l'herbe un petit déjeuner frugal, et quelques femmes maronites, descendues de Bethléem avec des enfants, qui ont apporté des narguilés et des oranges.

Quel terne et singulier soleil, aujourd'hui, dans ce ciel d'Orient, et comme ce lieu est mélancolique.

Pendant notre repos, des grenouilles chantent le printemps, à pleine voix, dans les citernes de l'*Ecclésiaste*. — Nous nous penchons sur le vieux parapet vénérable, pour les voir : de monstrueuses grenouilles, larges comme la main étendue, qui font plier sous leur poids tous les roseaux.

**
**

C'est vers trois heures, sous un soleil enfin sorti des brumes matinales et redevenu très ardent, que nous arrivons à Bethléem, par une poussiéreuse route.

Tandis que notre camp se monte à l'entrée de la ville et au bord du chemin, comme c'est la coutume, dans un de ces enclos d'oliviers qu'on abandonne aux voyageurs de passage, nous pénétrons à cheval dans les rues.

Plus rien de l'impression première, bien entendu : elle n'était pas terrestre et s'en est allée à jamais... Cependant Bethléem demeure encore, au moins dans certains quartiers, une ville de vieil Orient à laquelle s'intéressent nos yeux.

Comme à Hébron, des cubes de pierres, voûtés de pierres, qui semblent n'avoir pas de toiture. Des passages étroits et sombres, où les pieds de nos chevaux glissent sur de gros pavés luisants. De hauts murs frustes, qui paraissent vieux comme Hérode et où s'ouvrent de très rares petites fenêtres cintrées. — « Ah !... des Moghrabis ! » disent les Syriens assis sur les portes, en nous regardant venir. Entre les maisons, la vue, par échappées, plonge sur l'autre versant de cette montagne qui supporte la ville, et là, ce sont des jardins et des vergers s'étageant en terrasses sans fin.

La beauté et le costume des femmes sont tout le charme spécial de Bethléem. Blanches et roses, avec des traits réguliers et des yeux en velours noirs, elles portent une haute coiffure rigide, pailletée d'argent ou d'or, qui est un peu comme le hennin de notre moyen âge occidental et que recouvre un voile « à la Vierge », en mousseline blanche, aux grands plis religieux. Leur veste, d'une couleur éclatante et couverte de broderies en style ancien, a des manches qui s'arrêtent au-dessus du coude; c'est pour laisser échapper les très longues manches pagodes, taillées en pointe à la façon de notre xve siècle, de la robe d'en dessous, qui tombe droit jusqu'aux talons et qui est généralement d'un vert sombre. Dans leurs vêtements des âges passés, elles marchent lentes, droites, nobles, — et, avec cela, très naïvement jolies, toutes, sous la blancheur de ces voiles qui accentuent *une étrange ressemblance*, quand surtout elles tiennent sur l'épaule un petit enfant : on croit, à chaque tournant des vieilles rues sombres, voir apparaître la Vierge Marie, — celle des tableaux de nos Primitifs...

Des voitures de l'agence Cook, des fiacres remplis de touristes, pour lesquels il faut se ranger sous les portes. Une odieuse enseigne en français : « Un tel, fabricant d'objets de piété à des prix modérés. » Et enfin nous mettons pied à terre sur la grande place de Bethléem, que ferment là-bas les murs sévères de l'église de la Nativité. Il y a des hôtels, des restaurants, des magasins à devanture européenne, remplis de chapelets. Il y a une station de fiacres et une quantité de ces êtres, d'une effronterie spéciale, qui font métier d'exploiter les voyageurs...

On est admis par petits groupes et à son tour dans l'église et la grotte de la Nativité, qui confinent à un grand couvent de Franciscains, pilotes de ces saints lieux.

Nous sommes reçus là par des moines italiens, à la parole et aux gestes communs, qui nous font asseoir dans une salle d'attente et nous y laissent seuls. Une table à manger occupe le milieu de cette salle; elle est couverte d'une grossière toile cirée et garnie de verre de vin, ou de « bocks » vidés. Aux murs, des « chromos » représentant des choses quelconques, la reine Victoria, je crois, et l'empereur d'Autriche... Où sommes-nous, vraiment, dans quelle auberge, dans quel estaminet de barrière?... Nous avions été prévenus, nous attendions des profanations, mais pas cela!... Ce nom de Bethléem, qui rayonnait, il vient de tomber pitoyablement à nos pieds, et c'est fini; dans un froid mortel, tout s'effondre... Nous demeurons là, silencieux et durs, dans une tristesse sans borne et dans un écœurement hautain... Oh! pourquoi sommes-nous venus; pourquoi n'être pas partis tout de suite, retournés vers le désert, ce matin, quand, du fond des vallées d'en bas, Bethléem encore mystérieuse et douce nous est apparue?...

C'est notre tour, à présent, de visiter. On nous appelle, on va nous conduire dans la grotte où le Christ est né...

Sous les cloîtres, en passant, nous croisons des gens qui en reviennent, des pèlerins russes dont les yeux, il est vrai, sont voilés de larmes, mais surtout des touristes bavards tenant en main leur *Bœdeker*... Mon Dieu est-ce possible, que ce soit là?... Ce lieu prostitué à tous, c'est l'église de Bethléem?...

Elle est triple, l'église, latine, arménienne, grecque; ses trois parties, distinctes et hostiles, communiquent ensemble; mais un officier et des soldats turcs, constamment armés, circulent de l'une à l'autre pour maintenir l'ordre et empêcher les batailles entre chrétiens des différents rites.

La grotte s'ouvre en dessous, tout à fait souterraine aujourd'hui. Et vraisemblablement elle est bien, comme l'attestent des traditions du IIe siècle, le lieu de la naissance du Christ, car jadis, à l'entrée de la Bethléem antique, elle servait d'abri aux voyageurs pauvres qui n'avaient pas place à l'hôtellerie.

Deux escaliers y descendent, l'un pour les Latins et les Arméniens, l'autre pour les Grecs. La porte étroite en est de marbre blanc. Toutes les parois en sont crassées, usées, par les milliers d'êtres qui y sont venus, en groupes ou en procession, depuis les premiers siècles chrétiens. Elle se compose d'une quantité de petits compartiments, de petits couloirs, où sont des autels et où brûlent des lampes. La voûte irrégulière du rocher, humide et suintante, apparaît çà et là, entre les tentures de damas fané; partout des dorures communes, des petits tableaux, des « chromos » vulgaires; au moins attendions-nous un luxe archaïque, une splendeur, de l'or entassé, comme dans la crypte du Sinaï; mais non, rien; Bethléem a été pillée et repillée tant de fois, que tout y est pauvre, laid, à peine ancien. « Ici, l'enfant est né, explique le moine; ici, il a été posé dans sa couche; ici, les rois mages s'assirent; ici, se tenaient l'âne et le bœuf... » Distraitement, l'esprit fermé et le cœur mort, nous l'entendons sans l'écouter, impatients de partir...

Au-dessus de la grotte, les trois églises, où l'on officie et psalmodie en même temps, suivant des rites divers et avec la haine du voisin, sont banales et quelconques. Dans l'église grecque, devant l'antique tabernacle tout d'or, une furtive impression religieuse, à demi païenne, nous arrête un moment : un très vieux pope est là qui chante, vite, vite, d'une haute voix nasillarde, dans un nuage d'encens, et la foule, à chaque verset, se prosterne et se relève : femmes de Bethléem portant toutes, sur le hennin pailleté, le long voile à la vierge; Arabes convertis, aux yeux de foi naïve, inclinant leur turban jusqu'à terre...

Nous nous échappons par une quatrième église, splendide celle-là, et vénérable entre toutes, mais vide, à l'abandon, servant de vestibule aux premières : basilique commencée par sainte Hélène, achevée vers l'an 330 par l'empereur Constantin, et où, huit siècles plus tard, le jour de Noël 1101, Baudoin Ier fut sacré roi de Jérusalem. Elle est un des sanctuaires chrétiens les plus anciens du monde; elle a deux siècles de plus que la basilique du Sinaï; épargnée par Saladin et par tous les conquérants arabes, miraculeusement préservée des destructions d'autrefois, elle n'a subi de réels dommages qu'au commencement de notre siècle, de la part des Grecs contemporains qui en ont muré le chœur pour y faire leur mesquine petite église d'aujourd'hui. Elle est d'une grandeur simple et élégante; elle garde quelque chose de la Grèce antique, avec sa quadruple rangée de sveltes colonnes corinthiennes; et, au-dessus des chapiteaux d'acanthe. sur les murailles des nefs, sont en partie restés les revêtements de mosaïques d'or qu'y fit placer, à la fin du xiie siècle, « le seigneur Amaury, grand roi de Jérusalem ». L'encens des sanctuaires voisins l'embaume discrètement, et on y entend le bruit des psalmodies atténué en murmure.

Maintenant, nous n'avons plus rien à voir qui nous intéresse dans cette Bethléem profanée, et il nous tarde d'en sortir. Sur la place, nous remontons à cheval pour regagner nos tentes, échappant aux vendeurs de croix et de chapelets qui nous tirent par nos burnous, aux guides professionnels qui nous poursuivent en nous offrant leur carte. Et nous nous en allons, emportant l'amer regret d'être venus, sentant au fond de nos cœurs le froid des déceptions irréparables...

Mais sur le soir, au crépuscule limpide, tandis que nous songeons, devant nos tentes, accoudés, comme à une terrasse, au petit mur qui sépare de la route notre enclos d'oliviers, voici que la notion du lieu où nous sommes nous revient lentement, très particulière et de nouveau presque douce...

Un peu en recul, là-bas sur notre droite, les premières maisons de Bethléem, carrées et sans toiture, à elles seules dénonçant la Judée. Sous nos pieds, un grand panorama, qui d'abord descend en profondeur, puis qui, dans les lointains, remonte très haut par plans de montagnes étagées; toute une campagne paisible, mélancolique, d'oliviers et de pierres, de pierres surtout, de pierres grises dont les pâles nuances semblent vaporeuses dès que tombe le jour. Et, dominant tout, à d'inappréciables distances, la grande ligne bleuâtre des montagnes du Moab, qui sont sur l'autre rive de la mer Morte.

On entend partout sonner des clochettes de troupeaux qui reviennent des champs et, au loin, des cloches de monastères...

Ils arrivent, les troupeaux; ils commencent à passer devant nous avec leurs bergers, et c'est un défilé presque biblique, qui se prolonge là sous nos yeux, dans une lumière de plus en plus atténuée.

Très imprévus, passent aussi une cinquantaine d'enfants qui dansent, en chantant cette vieille chanson de France: « Au clair de la lune... prête-moi ta plume... » L'école chrétienne, qui revient d'une promenade; une cinquantaine de petits Arabes convertis, habillés à la mode d'Europe. Les Frères qui les conduisent chantent le même air et le dansent aussi; c'est étrange, mais c'est innocent et c'est joyeux.

Ensuite reprend le cortège plus grave, plus archaïque, des bêtes et des bergers...

Les détails de ces campagnes immenses, déroulées devant nous, se fondent dans le crépuscule envahissant ; bientôt, les grandes lignes des horizons demeureront seules, les mêmes, immuablement les mêmes qu'aux temps des croisades et aux temps du Christ. Et c'est là, dans ces aspects éternels, que réside encore le Grand Souvenir...

Bethléem ! Bethléem !... Ce nom recommence à chanter au fond de nos âmes moins glacées... Et, dans la pénombre, les âges semblent remonter silencieusement leur cours, en nous entraînant avec eux.

Sur la route, des laboureurs et des bergers défilent encore, en silhouettes antiques, devant les grands fonds des vallées et des montagnes ; vers la ville, tous les travailleurs des champs continuent de s'acheminer. Tenant leur enfant au cou, ou bien le portant à l'égyptienne assis sur l'épaule, passent lentement, avec leurs longs voiles, leurs longues manches, les femmes de Bethléem...

Bethléem !... Ce nom chante à présent partout, en nous-mêmes et dans nos mélancoliques alentours. Au bruissement des grillons, aux sonnailles des troupeaux, au tintement des cloches d'église, les temps semblent plus jeunes de dix-huit siècles...

Et maintenant, on dirait la Vierge Marie en personne qui vient à nous, avec l'enfant Jésus dans ses bras... A quelques pas, elle s'arrête, appuyée au tronc d'un olivier, les yeux abaissés vers la terre, dans l'attitude calme et jolie des madones : une toute jeune femme aux traits purs, vêtue de bleu et de rose sous un voile aux longs plis blancs. D'autres saintes femmes la suivent, tranquilles et nobles dans leurs robes flottantes, coiffées aussi du hennin et du voile ; elles forment un groupe idéal, que le couchant éclaire d'une dernière lueur frisante ; elles parlent et sourient à nos humbles muletiers, leur offrant de l'eau pour nous dans des amphores et des oranges dans des corbeilles.

Sous la magie du soir, à mesure qu'une sérénité charmée nous revient, nous nous retrouvons pleins d'indulgence, admettant et excusant tout ce qui nous avait révoltés d'abord. — Mon Dieu ! les profanations, les innocentes petites barbaries de la crypte, nous aurions bien dû nous y attendre et ne pas les regarder de si haut avec notre dédain de raffinés. Les mille petites chapelles, les dorures et les grossières images, les chapelets, les cierges, les croix, tout cela enchante et console la foule innombrable des simples, pour lesquels aussi Jésus avait apporté l'immortel espoir. Nous qui avons appris à ne regarder le Christ qu'au travers des Évangiles, peut-être concevons-nous de Lui une image un peu moins obscurcie que ces pèlerins, qui, dans la grotte, s'agenouillent devant les petites lampes de ses autels; mais la grande énigme de son enseignement et de sa mission nous demeure aussi impénétrable. Les Évangiles écrits presque un siècle après lui, tout radieux qu'ils soient, nous le défigurent sans doute étrangement encore. Le moindre dogme est aussi inadmissible à notre raison humaine que le pouvoir des médailles et des scapulaires; alors de quel droit mépriserions-nous tant ces pauvres petites choses? — Derrière tout cela, très loin, — à des distances d'abîme si l'on veut, — il y a toujours le Christ inexpliqué et ineffable, celui qui laissait approcher les simples et les petits enfants, et qui, s'il voyait venir à lui ces croyants à moitié idolâtres, ces paysans accourus à Bethléem des lointains de la Russie, avec leur cierge à la main et leurs larmes plein les yeux, ouvrirait les bras pour les recevoir...

Et, maintenant, nous envisageons avec une plus impartiale douceur ce lieu unique au monde, qui est l'église d'ici, ce lieu empli éternellement d'un parfum d'encens et d'un bruit chantant de prières...

Bethléem! Bethléem!... Une nuit plus tranquille

qu'ailleurs nous enveloppe à présent; tout se tait, les voix, les cloches et les sonnailles des troupeaux, dans un recueillement infini, et un hymne de silence monte de la campagne antique, du fond des vallées pierreuses, vers les étoiles du ciel...

V

Jeudi, 29 mars.

Le jour de notre entrée à Jérusalem, — un jour auquel nous avons songé d'avance, un peu comme les pèlerins d'autrefois, pendant quarante jours de désert.

Avant le soleil levé, un vent terrible nous éveille. Sans ces oliviers autour de nous, nos tentes auraient déjà pris la volée.

Vite, il faut se vêtir, faire replier toutes ces toiles tendues, corder nos bagages, et nous voilà dehors, sur les cailloux de l'enclos, au bord de la route, par un matin désolé et froid. Alors, en grand désarroi de nomades, nous montons à cheval deux heures plus tôt que nous ne pensions, pour aller dans la ville sainte chercher un définitif abri.

Le soleil se lève, pâle et sinistrement jaune, un

soleil de tourmente, parmi des nuages affreux, derrière des soulèvements de poussière et de sable.

Tout s'enlève et vole, emporté par ce vent qui souffle de plus en plus fort.

Une heure de route, dans des tourbillons de poussière alternant avec des tourbillons de pluie, sous des rafales qui déploient nos burnous comme des ailes et nous jettent au visage, en coup de fouet, la crinière de nos chevaux...

Là-bas, il y a une grande ville qui commence d'apparaître, sur des montagnes pierreuses et tristes, — un amas de constructions éparses, des couvents, des églises, de tous les styles et de tous les pays; à travers la pluie ou la poussière cinglantes, cela se distingue d'une manière encore confuse, et, de temps à autre, de grosses nuées nous le cachent en passant devant.

Vers la partie gauche des montagnes, rien que de décevantes bâtisses quelconques; mais vers la droite, c'est bien encore l'antique Jérusalem, comme sur les images des naïfs missels; Jérusalem reconnaissable entre toutes les villes, avec ses farouches murailles et ses toits de pierre en petites coupoles;

Jérusalem sombre et haute, enfermée derrière ses créneaux, sous un ciel noir.

Pendant une rafale plus violente, le chemin de fer passe, siffle, affole mon cheval, met en plus complète déroute mes pensées, qui déjà s'en allaient éparpillées au vent...

Nous arrivons dans un creux profond, au pied d'une route ascendante, entre l'amas banal et pitoyable des constructions qui couvrent la colline de gauche, — hôtels, gare, usines, — et les ténébreuses murailles crénelées qui couvrent la colline de droite. Des gens de toutes les nationalités encombrent ces abords ; Arabes, Turcs, Bédouins ; mais surtout des figures du Nord que nous n'attendions pas, longues barbes claires sous des casquettes fourrées, pèlerins russes, pauvres moujiks vêtus de haillons.

Et enfin, vers la ville aux grands murs, qui nous surplombe de ses tours, de ses créneaux, de sa masse étrangement triste, nous montons au milieu de cette foule, par ce chemin glorieux des sièges et des batailles, où tant de Croisés sans doute sont tombés pour la foi... Des instants de compréhension du lieu où nous sommes, — et alors, d'émotion profonde, — mais tout cela, furtif, troublé, emporté par le bruit, par le vent, par le voisinage des locomotives et des agences... Et, arrivés en haut, nous passons sous la grande porte ogivale de Jérusalem dans une complète inconscience, avec la hâte irréfléchie de gagner un gîte sous une pluie qui commence à tomber, rapide, torrentielle et glacée...

3.

VI

Vendredi, 30 mars.

La pluie, la pluie à torrents, la pluie incessante nous avait tenus prisonniers toute la journée d'hier, depuis notre arrivée jusqu'au soir.

Et aujourd'hui c'est la même pluie encore, sous un ciel septentrional. L'impression d'être à Jérusalem est perdue, dans la banalité d'un hôtel de touristes où nous sommes enfermés près du feu, ayant repris nos costumes et nos allures d'Occident. C'est comme un rêve, ce souvenir d'être entrés hier dans une ville sombre, par une vieille porte sarrasine, sur des chevaux que tourmentait le vent.

Dans un salon quelconque, en compagnie d'Américains et d'Anglais, nous regardons les images des plus récents journaux d'Europe, apprenant sans intérêt les très petites choses qui se sont passées durant notre période nomade, tandis que des Syriens, marchands d'« articles de Jérusalem », nous encombrent d'objets de piété, en bois ou en nacre... Gethsémani, le Saint-Sépulcre, le Calvaire, est-ce que vraiment tout cela est bien réel, et près de nous, dans cette même ville?... Nous remettons à plus tard de voir, à cause de ce ciel désolant qui ne s'éclaircit pas; d'ailleurs nous sommes sans hâte, inconciemment retenus peut-être par la crainte des déceptions suprêmes...

Sur le soir, cependant, nous quittons l'hôtel pour la première fois : le consul général de France, M. L..., est venu nous offrir, avec la plus charmante bonne grâce, de nous mener entre deux averses chez les Pères Dominicains, qui habitent le voisinage en dehors des murailles et qui, dit-il, voudront bien sans doute consentir, sur sa prière, à être nos guides très éclairés dans la ville sainte.

Une banlieue, quelconque comme le salon de l'hôtel, et que bientôt la pluie recommence à rayer de ses petites hachures grises.

Pendant une éclaircie, la porte de Damas nous charme au passage. C'est la plus farouche et la plus exquise des portes sarrasines ; elle découpe son ogive dans la grande muraille morne ; elle est flanquée de deux sombres tours ; elle est toute couronnée et hérissée de pointes de pierre, aiguës comme des fers de lance ; haute et mystérieuse, elle a pris aujourd'hui, sous le vernis de l'eau ruisselante, une intense couleur de vieux bronze vert-de-grisé. En avant, des tentes bédouines se groupent, noirâtres, très basses à ses pieds. Et derrière, un coin de l'antique Jérusalem apparaît ; un angle de remparts crénelés, enfermant des maisons à coupoles, s'avance, sous le ciel de pluie, vers le désert de pierres qui est la campagne ; l'ensemble en est de la même teinte de bronze verdâtre que la porte elle-même ; l'ensemble en paraît millénaire, abandonné et mort ; mais c'est bien Jérusalem, la Jérusalem qu'on a vue sur les vénérables tableaux et images d'autrefois ; au sortir de l'horrible banlieue neuve, où fument des tuyaux d'usine, on croirait une vision sainte...

Les Dominicains blancs nous reçoivent dans leur petit parloir monacal. Ils ont cette sérénité détachée qui est particulière aux religieux ; on sent en eux, dès l'abord, des hommes du meilleur monde, et, ensuite, des érudits.

Dans leur jardin, où ils nous mènent à la première embellie, ils ont fait des fouilles profondes et découvert de précieuses ruines. Toute cette terre de Jérusalem, tant de fois remuée, retournée, pendant les sièges, les assauts, les destructions, est encore pleine de débris et de documents inconnus.

A trois cents mètres de la porte de Damas, saint Étienne fut mis à mort dans un champ, et l'impéraratrice Eudoxie, pour consacrer l'emplacement du martyre, y fit élever une église. En creusant sur la foi de ces données, les moines ont retrouvé les restes de cette église, son beau parquet de mosaïques encore intact, et les socles de ses colonnes de marbre, brisées toutes à un pied du sol; c'est le terrible Khosroës, grand destructeur de chrétiens, qui, vers le milieu du VIIe siècle, a fait anéantir ce saint lieu. Auprès, se voient aussi les fondations de la chapelle plus modeste que plus tard les Croisés élevèrent à la mémoire de saint Étienne, et qui fut rasée à son tour quand revint s'abattre sur Jérusalem le torrent sarrasin. Tous ces pauvres débris glorieux nous apparaissent là, trempés de pluie, au milieu des récents déblais, mêlés encore à cette terre qui, pendant des siècles, les avait gardés et cachés. Et, un instant, nos esprits se recueillent, conçoivent l'entassement des âges, s'inquiètent des prodigieux passés...

Encore une averse qui tombe, lavant à grande eau les marbres, les mosaïques de l'impératrice Eudoxie. Alors nous courons tous nous réfugier dans des tombeaux que les moines ont aussi découverts sous leur jardin : toute une petite nécropole souterraine, avec des sépulcres alignés et étagés, où s'émiettent des ossements deux fois millénaires. Les Dominicains y enterrent à présent les morts de la communauté, chrétiens troublés de nos temps, qui vont là dormir à côté de leurs frères des premiers siècles.

Le soir, la banalité de l'hôtel nous reprend comme hier. Auprès du feu, entre les journaux à images, les touristes et les marchands de chapelets, nous songeons à ce petit coin de Jérusalem qui nous a été montré au hasard d'une première visite, et notre pensée s'en va au Saint-Sépulcre et au Gethsémani, qui sont là tout près ; nous avons déjà perdu deux jours, dans cet émotionnant voisinage, partagés entre le désir et la crainte de voir, sous l'enveloppement triste de cette pluie, qui semble venue exprès pour nous donner un prétexte d'attente.

VII

Samedi, 31 mars.

La pluie va finir. Le ciel s'égoutte tristement et montre de premières déchirures bleues. Il fait humide et froid, l'eau ruisselle partout le long des vieilles murailles.

A pied, avec un Arabe quelconque pour guide, je m'échappe seul de l'hôtel, pour courir enfin au Saint-Sépulcre. C'est dans la direction opposée à celle des Dominicains, presque au cœur de Jérusalem, par des petites rues étroites, tortueuses, entre des murs vieux comme les croisades, sans fenêtres et sans toits. Sur les pavés mouillés, sous le ciel encore obscur, circulent les costumes d'Orient, turcs, bédouins ou juifs, et les femmes drapées en fantômes, musulmanes sous des voiles sombres, chrétiennes sous des voiles blancs.

La ville est restée sarrasine. Distraitement, je perçois que nous traversons un bazar oriental, où les échoppes sont occupées par des vendeurs à turban; dans la pénombre des ruelles couvertes, passent à la file des chameaux lents et énormes, qui nous obligent à entrer sous des portes. Maintenant, il faut se ranger encore, pour un étrange et long défilé de femmes russes, toutes sexagénaires pour le moins, qui marchent vite, appuyées sur des bâtons; vieilles robes fanées, vieux parapluies, vieilles touloupes de fourrure, figures de fatigue et de souffrance qu'encadrent des mouchoirs noirs; ensemble noirâtre et triste, au milieu de cet Orient coloré. Elles marchent vite, l'allure à la fois surexcitée et épuisée, bousculant tout sans voir, comme des somnambules, les yeux anesthésiés, grands ouverts dans un rêve céleste. Et des moujiks par centaines leur succèdent, ayant les mêmes regards d'extase; tous, âgés, sordides, longues barbes grises, longs cheveux gris échappés de bonnets à poil; sur les poitrines, beaucoup de médailles, indiquant d'anciens soldats... Entrés hier dans la ville sainte, ils reviennent de leur première visite à ce lieu d'adoration où je vais aller à mon tour; pauvres pèlerins qui arrivent ici par milliers, cheminant à pied, couchant dehors sous la pluie ou la neige, souffrant de la faim, et laissant des morts sur la route...

A mesure qu'on approche, les objets d'Orient dans les échoppes font place à des objets d'obscure piété chrétienne : chapelets par milliers, croix, lampes religieuses, images ou icones. Et la foule est plus serrée, et d'autres pèlerins, des vieux moujiks, des vieilles matouchkas, stationnent pour acheter d'humbles petits rosaires en bois, d'humbles petits crucifix de deux sous, qu'ils emporteront d'ici comme des reliques à jamais sacrées...

Enfin, dans un mur vieux et fruste comme un rocher, s'ouvre une porte informe, tout étroite, toute basse, et, par une série de marches descendantes, on accède à une place surplombée de hautes murailles sombres, en face de la basilique du Saint-Sépulcre.

Sur cette place, il est d'usage de se découvrir, dès que le Saint-Sépulcre apparaît; on y passe tête nue, même si l'on ne fait que la traverser pour continuer sa route dans Jérusalem. Elle est encombrée de pauvres et de pauvresses, qui mendient en chantant; de pèlerins qui prient; de vendeurs de croix et de chapelets, qui ont leurs petits étalages à terre, sur les vieilles dalles usées et vénérables. Parmi les pavés, parmi les marches, surgissent les socles encore enracinés de colonnes qui jadis supportaient des basiliques, et qui ont été rasées, comme celles de l'église Saint-Étienne, à de lointaines et douteuses époques ; tout est amoncellement de débris, dans cette ville qui a subi vingt sièges, que tous les fanatismes ont saccagée.

Les hautes murailles, en pierres d'un brun rougeâtre, qui forment les côtés de la place, sont des couvents ou des chapelles — et on dirait des forteresses. Au fond, plus haute et plus sombre que tout, se dresse cette masse effritée, brisée, qui est la façade du Saint-Sépulcre, et qui a pris les aspects, les irrégularités d'une grande roche ; elle a deux énormes portes du xiie siècle, encadrées d'ornements d'un archaïsme étrange ; l'une est murée ; l'autre, grande ouverte, laisse voir, dans l'obscurité intérieure, des milliers de petites flammes. Des chants, des cris, des lamentations discordantes, lugubres à entendre, s'en échappent avec des senteurs d'encens...

La porte franchie, on est dans l'ombre séculaire d'une sorte de vestibule, découvrant des profondeurs magnifiques où brûlent d'innombrables lampes. Des gardiens turcs, armés comme pour un massacre, occupent militairement cette entrée ; assis en souverains sur un large divan, ils regardent passer les adorateurs de ce lieu, qui est toujours, à leur point de vue, l'opprobre de la Jérusalem musulmane et que les plus farouches d'entre eux n'ont pas cessé d'appeler : *el Komamah* (l'ordure).

Oh! l'inattendue et inoubliable impression, pénétrer là pour la première fois ! Un dédale de sanctuaires sombres, de toutes les époques, de tous les aspects, communiquant ensemble par des baies, des portiques, des colonnades superbes, — ou bien par de petites portes sournoises, des soupiraux, des trous de cavernes. Les uns, surélevés, comme de hautes tribunes où l'on aperçoit, dans des reculs imprécis, des groupes de femmes en longs voiles ; les autres, souterrains, où l'on coudoie des ombres, entre des parois de rocher demeurées intactes, suintantes et noires. — Tout cela, dans une demi-nuit, à part quelques grandes tombées de rayons qui accentuent encore les obscurités voisines ; tout cela étoilé à l'infini par les petites flammes des lampes d'argent et d'or qui descendent par milliers des voûtes. — Et partout des foules, circulant confondues comme dans une Babel, ou bien stationnant à peu près groupées par nation autour des tabernacles d'or où l'on officie...

Des psalmodies, des lamentations, des chants d'allégresse emplissant les hautes voûtes, ou bien vibrant dans les sonorités sépulcrales d'en dessous ;

les mélopées nasillardes des Grecques, coupées par les hurlements des Cophtes... Et, dans toutes ces voix, une exaltation de larmes et de prières qui fond leurs dissonances et qui les unit; l'ensemble, finissant par devenir un je ne sais quoi d'inouï, qui monte de tout ce lieu comme la grande plainte des hommes et le suprême cri de leur détresse devant la mort...

La rotonde à très haute coupole, où l'on pénètre d'abord et qui laisse deviner, entre ses colonnes, le chaos obscur des autres sanctuaires, est occupée en son milieu par le grand kiosque de marbre, d'un luxe à demi barbare et surchargé de lampes d'argent, qui renferme la pierre du sépulcre. Tout autour de ce kiosque très saint, la foule s'agite ou stationne; d'un côté, des centaines de moujiks et de matouchkas, à deux genoux sur les dalles; de l'autre, les femmes de Jérusalem, debout en longs voiles blancs, — groupes de vierges antiques, dirait-on, dans cette pénombre de rêve; ailleurs, des Abyssins, des Arabes en turban, prosternés le front à terre; des Turcs, le sabre au poing; des gens de toutes les communions et de tous les langages...

On ne séjourne pas dans l'étouffant réduit du Saint-Sépulcre, qui est comme le cœur même de cet amas de basiliques et de chapelles, on y défile un à un ; en baissant la tête, on y entre par une très petite porte, en marbre fouillé et festonné ; le sépulcre est là dedans, enchâssé de marbre, au milieu des icones d'or et des lampes d'or. En même temps que moi y passaient un soldat russe, une vieille pauvresse en haillons, une femme orientale en riches habits de brocart ; tous, baisant le couvercle tombal, et pleurant. Et d'autres suivaient, d'autres éternellement suivent, touchant, embrassant, mouillant de larmes ces mêmes pierres...

Aucun plan d'ensemble, dans le fouillis des églises et des chapelles qui se pressent autour de ce kiosque très saint ; il y en a de grandes, merveilleusement somptueuses, et de toutes petites, humbles et primitives, mourant de vétusté, dans des recoins sinistres, creusés en plein roc et en pleine nuit. Et, çà et là, le rocher du calvaire, laissé à nu, apparaît au milieu des richesses et des archaïques dorures. Le contraste est étrange, entre tant de trésors amoncelés, — icones d'or, croix d'or, lampes d'or, — et les haillons des pèlerins, et le délabrement des murailles ou des piliers, usés, rongés, informes, huileux au frottement de tant de chairs humaines.

Tous les autels, de toutes les confessions différentes, sont tellement mêlés ici, qu'il en résulte de continuels déplacements de prêtres et de cortèges ; ils fendent les foules, portant des ostensoirs et précédés de janissaires en armes qui frappent les dalles sonores du pommeau de leur hallebarde... Place ! ce sont les Latins qui passent, en chasuble d'or... Place encore ! c'est l'évêque des Syriens, longue barbe blanche sous une cagoule noire, qui sort de sa petite chapelle souterraine... Puis, ce sont les Grecs aux parures encore byzantines, ou les Abyssins au visage noir... Vite, vite, ils marchent dans leurs vêtements somptueux, tandis que, devant leurs pas, les encensoirs d'argent, que des enfants balancent, heurtent la foule qui se bouscule et s'écarte. Dans cette marée humaine, une espèce de grouillement continu, au bruit incessant des psalmodies et des clochettes sacrées. Presque partout, il fait si sombre qu'il faut avoir, pour circuler, son cierge à la main, et, sous les hautes colonnes, dans les galeries ténébreuses, mille petites flammes se suivent ou se croisent. Des hommes prient à haute voix, pleurent à sanglots, courant d'une chapelle à l'autre, ici pour embrasser le roc où fut plantée la croix, là pour se prosterner où pleurèrent les saintes Marie et Madeleine ; des prêtres, tapis dans l'ombre, vous appellent d'un signe pour vous mener par de petites portes funèbres dans des trous de tombeaux; des vieilles femmes aux yeux fous, aux joues ruisselantes de larmes, remontent des souterrains noirs, venant de baiser des pierres de sépulcres...

Dans une obscurité profonde, on descend à la chapelle de Sainte-Hélène, par un large escalier d'une trentaine de marches, usé, brisé, dangereux comme une ruine éboulée, et bordé de spectres accroupis. Nos cierges, en passant, éclairent ces êtres vagues, immobiles, couleur de la paroi du rocher, qui sont des mendiants estropiés, des fous rongés d'ulcères; sinistres tous, le menton dans les mains, les longs cheveux retombés sur le visage. — Parmi ces épouvantes, un jeune homme aveugle, enveloppé de ses magnifiques boucles blondes comme d'un manteau, beau comme le Christ auquel il ressemble.

Tout en bas, la chapelle de Sainte-Hélène, après la nuit qu'on vient de traverser entre deux rangées de fantômes, s'éclaire de grands rayons de jour, qui arrivent pâles et bleuâtres par les meurtrières de la voûte. C'est un des lieux les plus étranges assurément de tout cet ensemble qui s'appelle le Saint-Sépulcre; c'est là qu'on éprouve, de la façon la plus angoissante, le sentiment des effroyables passés.

Elle est silencieuse quand j'y arrive, et elle est vide, sous l'œil à demi mort de ces fantômes qui gardent l'escalier d'entrée ; on y entend à peine, en rumeur indistincte, les cloches et les chants d'en haut. Derrière l'autel, un autre escalier encore, bordé des mêmes personnages à longue chevelure, descend plus bas, dans de la nuit plus noire.

On croirait un temple barbare. Quatre piliers énormes, trapus, d'un byzantin primitif et lourdement puissant, soutiennent la coupole surbaissée d'où retombent des œufs d'autruche et mille pendeloques sauvages. Des fragments de peintures aux murailles indiquent encore des saints et des saintes, nimbés d'or, dans des attitudes raides et naïves, sous l'effacement des humidités et des poussières mortes. Tout est dans un délabrement d'abandon, avec des suintements d'eau et de salpêtre.

Du fond du souterrain inférieur remontent tout à coup des prêtres d'Abyssinie, qui ont l'air d'être les anciens rois-mages, sortant des entrailles de la terre : visages noirs, sous de larges tiares dorées, en forme de turban, longues robes de drap d'or, semées de fleurs imaginaires rouges et bleues... Vite, vite, avec cette sorte d'empressement exalté qui est ici partout, ils traversent les cryptes de Sainte-Hélène et remontent vers les autres sanctuaires par le grand escalier en ruine, — éclairés sur les premières marches aux lueurs tombées des meurtrières de la voûte, archaïquement splendides alors dans leurs robes dorées au milieu des gnomes accroupis au pied des murailles, — puis, tout de suite disparus là-haut, dans des lointains d'ombre.

Très loin de là, dans les sanctuaires de l'entrée, près du kiosque du sépulcre, le rocher du Calvaire se dresse; il supporte deux chapelles où l'on monte par une vingtaine de marches de pierre, et qui sont pour la foule le véritable lieu des prosternations et des sanglots...

Du péristyle de ces chapelles, comme d'un balcon élevé, la vue domine un confus amas de tabernacles, un dédale d'églises où s'agite la foule anesthésiée. La plus splendide des deux est celle des Grecs; sur un nimbe d'argent, qui resplendit au fond comme un arc-en-ciel, se détachent en grandeur humaine les pâles images de trois crucifiés, le Christ et les deux larrons; les murailles disparaissent sous les icones d'argent, d'or et de pierreries. L'autel est érigé à la place même du crucifiement; sous le retable, un treillage d'argent laisse paraître, dans le rocher noir, le trou où fut plantée la croix, — et c'est là qu'on se traîne à genoux, mouillant ces sombres pierres de larmes et de baisers, tandis qu'un bruit berceur de chants et de prières monte incessamment des églises d'en bas.

Et, depuis tantôt deux mille ans, il en est ainsi dans ce même lieu ; sous des formes diverses, dans des basiliques différentes, avec des interruptions pour les sièges, les batailles et les massacres, mais avec des reprises ensuite plus passionnées et plus universelles, toujours résonne ici le même concert de prières, le même grand ensemble de supplications désespérées ou d'actions de grâces triomphantes...

Elles sont bien un peu idolâtres, ces adorations-là, pour celui qui a dit : « Dieu est Esprit, et il faut que ceux qui l'adorent, l'adorent en esprit et en vérité. » Mais elles sont si humaines! Elles répondent si bien à nos instincts et à notre misère !... Assurément, les premiers chrétiens, dans l'essor purement spirituel de leur foi, et quand l'enseignement du maître était encore tout frais dans leurs âmes, ne s'encombraient pas de magnificence, de symboles et d'images. Surtout, ce n'étaient pas des souvenirs terrestres — le lieu d'un martyre et un sépulcre vide — qui les préoccupaient; leur Rédempteur, ils ne songeaient pas à le chercher là, tant ils le voyaient dégagé à jamais de ces choses transitoires et planant au-dessus dans la sereine lumière. Mais nous sommes — nous tous, peuples de l'Occident et du Nord — échappés depuis moins de siècles aux barbaries naïves, que les sociétés antiques d'où se levèrent les premiers chrétiens; au moyen âge, quand la foi nouvelle pénétra dans nos forêts, elle s'obscurcit de mille croyances primitives; d'entre nous, c'est le plus petit nombre qui s'est affranchi des traditions amoncelées pour en revenir au culte évangélique, en esprit et en vérité. Et d'ailleurs, quand la foi est éteinte dans nos âmes modernes, c'est encore vers cette vénération si humaine des lieux et des souvenirs, que les incroyants comme moi sont ramenés par le déchirant regret du Sauveur perdu...

Oh! le Christ, pour qui toutes ces foules sont venues et pleurent; le Christ, pour qui cette vieille pauvresse, là, près de moi prosternée, lèche le pavé, épand sur les dalles son cœur misérable, en versant des larmes délicieuses d'espoir; le Christ, qui me retient, moi aussi, à cette place, comme elle, dans un recueillement vague, encore très doux... Oh! s'il fut seulement un de nos frères en souffrance, évanoui à présent dans la mort, que sa mémoire soit adorée quand même, pour son long mensonge d'amour, de revoir et d'éternité... Et que ce lieu soit béni aussi, ce lieu unique et étrange qui s'appelle le Saint-Sépulcre — même contestable, même fictif si l'on veut — mais où, depuis tantôt quinze siècles, sont accourues les multitudes désolées, où les cœurs endurcis se sont fondus comme les neiges, et où maintenant mes yeux sont près de se voiler dans un dernier élan de prière — très illogique, je le sais — mais ineffable et infini...

. . . .

***

Le soir, à la nuit tombée, après que j'ai longtemps erré, par les tristes petites rues, dans la ville sarrasine où les couronnes de feux du ramadan viennent de s'allumer autour des minarets des mosquées, — une attirance me ramène lentement vers le Saint-Sépulcre.

Il y règne une obscurité différente de celle du jour; les gerbes de rayons, les lueurs blanches ont cessé d'y descendre par les meurtrières des coupoles ; mais, plus nombreuses, les lampes y sont allumées, les lampes d'argent et les lampes d'or, les milliers de lampes colorées parsemant les ténèbres de petites flammes bleues, rouges ou blanches. Une sorte d'apaisement s'est fait dans le labyrinthe des hautes voûtes, comme un repos après les ardeurs épuisantes de la journée. Les bruits ne sont plus que des bourdonnements de prières dites tout bas et à genoux, plus que des murmures dans des sonorités de caveaux, où dominent les pauvres voix rauques des moujiks et, de temps à autre, leurs toux profondes. Les portes vont se fermer bientôt et la foule s'est écoulée ; mais des groupes de gens prosternés dans l'ombre, visage à terre, embrassent encore les saintes dalles.

VIII

Dimanche, 1ᵉʳ avril.

... Repris aujourd'hui par le charme de l'Islam, au soleil reparu, au printemps qui attiédit l'air.

D'ailleurs, c'est vers le lieu saint des Arabes que nous nous dirigeons ce matin, vers cette mosquée d'Omar réputée merveilleuse et vénérable entre toutes. — Jérusalem, qui est la ville sacrée des chrétiens et des juifs, est aussi, après la Mecque, la plus sainte ville des Mahométans. — Le consul général de France et le Père S..., un Dominicain célèbre par ses études bibliques, veulent bien nous accompagner — et un janissaire du consulat nous précède, sans lequel les abords mêmes de la mosquée nous seraient interdits.

Nous nous en allons par les rues étroites, sinistres malgré le soleil, entre de vieux murs sans fenêtres, faits de débris de toutes les époques de l'histoire et où, çà et là, s'encastrent une pierre hébraïque, un marbre romain. A mesure que nous avançons, tout devient plus en ruines, plus vide et plus mort, — jusqu'à ce saint quartier, d'une désolation infinie, qui renferme la mosquée et dont toutes les issues sont gardées par des sentinelles turques interdisant le passage aux chrétiens.

Grâce au janissaire, nous franchissons cette fanatique ceinture, et alors, par une série de petites portes délabrées, nous débouchons sur une esplanade gigantesque, une sorte de mélancolique désert, où l'herbe pousse entre les dalles comme dans une prairie où pas un être humain n'apparaît : — c'est le *Haram-ech-Chérif* (l'Enceinte Sacrée). — Au milieu, et très loin de nous, qui arrivons par un des angles de cette place immense, se dresse solitaire un surprenant édifice tout bleu, d'un bleu exquis et rare, qui semble quelque vieux palais enchanté revêtu de turquoises : c'est cela, la mosquée d'Omar, la merveille de l'Islam. Quelle solitude, grandiose et farouche, les Arabes ont su maintenir autour de leur mosquée bleue !

Sur chacun de ses côtés, qui ont au moins cinq cents mètres de longueur, cette place est bordée de constructions d'un aspect sombre, informes à force de caducité, incompréhensibles à force de réparations et de changements faits à toutes les époques de l'ancienne histoire : dans les bases, des pierres cyclopéennes, vestiges encore debout des enceintes de Salomon; par-dessus, des débris des citadelles d'Hérode, des débris du prétoire où siégea Ponce-Pilate et d'où le Christ partit pour le calvaire; puis, les Sarrasins, et les Croisés après eux, ont bouleversé, saccagé ces choses, — et, en dernier lieu, les Sarrasins encore, redevenus les maîtres ici, ont grillé ou muré les fenêtres, élevé au hasard leurs minarets et posé au faîte des édifices les pointes de leurs créneaux aigus. Le temps niveleur a jeté sur le tout son uniforme couleur de vieille terre cuite rougeâtre, ses plantes de murailles, son même délabrement, sa même poussière. L'ensemble, emmêlé, fait de pièces et de morceaux, formidable encore dans sa vieillesse millénaire, raconte le néant humain, l'effondrement des civilisations et des races, répand une tristesse infinie sur le petit désert de cette esplanade où s'isole là-bas le beau palais bleu surmonté de sa coupole et de son croissant, la belle et l'incomparable mosquée d'Omar.

A mesure qu'on s'avance dans cette solitude, dallée de grandes pierres blanches et quand même envahie par les herbes comme un cimetière, le revêtement de la mosquée bleue se précise : on dirait, sur les murs, une joaillerie nuancée, ajourée, mi-partie de turquoise pâle et de lapis violent, avec un peu de jaune, un peu de blanc, un peu de vert, un peu de noir, sobrement employés en très fines arabesques.

Parmi quelques cyprès à bout de sève, quelques très vieux oliviers mourants, une série d'édicules secondaires, épars vers le centre de l'esplanade, font cortège à cette mosquée, qui est la grande merveille du milieu : de petits *mirhabs* de marbre, des arceaux légers, de petits arcs de triomphe, un kiosque à colonnes, revêtu, lui aussi, de joailleries bleues. Tout cela, si déjeté par les siècles, si mélancolique, avec un tel air d'abandon, sur cette place immense où le printemps a mis entre toutes les dalles des guirlandes de marguerites, de boutons-d'or et d'avoines folles!... De près, on s'aperçoit que ces élégantes et frêles petites constructions sarrasines sont composées avec des débris d'églises chrétiennes ou de temples antiques; les colonnes, les frises de marbre, tout est disparate, arraché ici à une chapelle des croisades, là à une basilique des empereurs grecs, à un temple de Vénus ou bien à une synagogue. Si l'arrangement général est arabe, calme, empreint de la grâce des palais d'Aladin, le détail est plein d'enseignements sur la fragilité des religions et des empires; le détail consacre le souvenir des grandes guerres exterminatrices, des sacs horribles, des journées où le sang coulait ici comme de l'eau et où les égorgements « ne finissaient que quand les soldats étaient fatigués de tuer ».

Il y a surtout ce kiosque bleu, voisin de la mosquée bleue, qui raconterait à lui seul l'effroyable passé de Jérusalem. Sa double rangée de colonnes de marbre est comme un musée de débris de tous les temps; on y voit des chapiteaux grecs, romains, byzantins ou hébraïques; d'autres, d'un âge imprécis, d'un style sauvage et presque inconnu.

Maintenant, la tranquillité de la mort est descendue sur tout cela; les restes de tant de sanctuaires ennemis ont été groupés, en l'honneur du Dieu de l'Islam, dans une harmonie inattendue, — et peut-être définitive, jusqu'à l'époque de la poussière finale... Et quand on se remémore les tourmentes passées, c'est étrange, ce silence d'à présent, ce délaissement, cette suprême paix, au milieu d'une esplanade de dalles blanches envahies par les marguerites et les herbes des champs...

Entrons dans la mosquée mystérieuse, si entourée d'espace désert et mort.

Aux premiers instants, il y fait presque nuit : on ne perçoit que confusément la notion d'une splendeur féerique. Un éclairage très atténué tombe de ces vitraux, célèbres dans tout l'Orient, qui garnissent là-haut la série des petites fenêtres cintrées ; on dirait que la lumière passe à travers des fleurs et des arabesques en pierres précieuses montées à jours, — et c'est l'illusion sans doute qu'ont voulu produire les inimitables verriers d'autrefois. Peu à peu, s'habituant à la pénombre, on voit scintiller aux murailles, aux arceaux, aux voûtes, un revêtement qui semble une étoffe brodée et rebrodée de nacre et d'or, sur fond vert. Peut-être un vieux brocart à ramages, ou du précieux cuir de Cordoue, — ou plutôt quelque chose de plus beau et de plus rare que tout cela, qu'on définira mieux dans un moment, quand les yeux, éblouis de soleil sur les dalles de l'esplanade, se seront faits à l'obscurité de ce lieu très saint.

La mosquée, octogonale de contours, est soutenue intérieurement par deux rangées concentriques de colonnes : la première, octogonale aussi ; la seconde, circulaire, supportant le dôme magnifique.

Chacune de ces colonnes à chapiteaux dorés est d'une matière différente et sans prix : l'une, de marbre violet veiné de blanc; l'autre, de porphyre rouge; l'autre, de ce marbre, introuvable depuis des siècles, qui s'appelle le *vert antique.*

Toute la base des murailles, jusqu'à la hauteur où commencent à miroiter les broderies vert et or, est revêtue de marbre : grandes plaques dédoublées par le milieu et dont on a juxtaposé les deux morceaux de façon à former des dessins symétriques, comme on en obtient en ébénisterie par le placage des bois.

Les petites fenêtres, placées très près de la voûte, qui laissent tomber de haut leurs reflets de pierreries, sont chacune d'un dessin et d'une couleur différente; celle-ci semble composée de marguerites en rubis; l'autre, à côté, est toute en fines arabesques de saphir, mêlées d'un peu de jaune de topaze; l'autre encore se tient dans des verts d'émeraude, parsemés de fleurs roses. Ce qui fait la beauté de ces vitraux et, en général, de tous les vitraux arabes, c'est que les verres des diverses nuances n'y sont pas, comme chez nous, limités brutalement par un trait de plomb; la charpente du vitrail est une plaque en stuc très épais, ajourée, percée *obliquement* d'une infinité de petits trous de formes changeantes — dont l'ensemble constitue un dessin toujours exquis; les fragments bleus, jaunes, roses ou verts, sont enchâssés tout au fond de ces *jours* aux parois inclinées, alors on ne les aperçoit qu'entourés d'une sorte de nimbe, qui est leur propre reflet dans l'épaisseur du plâtre, et il en résulte des effets adoucis, fondus; cela joue la nacre et les gemmes précieuses.

Maintenant on distingue mieux ces revêtements des arceaux et des voûtes : ce sont de prodigieuses mosaïques, recouvrant tout, simulant des brocarts et des broderies, mais plus belles, plus durables que tous les tissus de la terre, ayant conservé à travers les siècles leur éclat et leurs diaprures, parce qu'elles sont composées avec des matières presque éternelles, avec des myriades de fragments de marbre de toutes les teintes, avec de la nacre et avec de l'or. Dans l'ensemble, c'est le vert et l'or qui dominent. Cela représente des séries de vases étranges, d'où s'échappent et retombent symétriquement de rigides bouquets : toutes les feuilles conventionnelles des temps passés, toutes les fleurs des vieux rêves; des pampres surtout, faits d'une infinie variété de marbres verts, des branches de vigne d'une archaïque raideur portant des raisins d'or et des raisins de nacre. Çà et là cependant, pour rompre la monotonie des verdures, sont jetés, sur fond d'or, des semis de grandes fleurs rougeâtres, nuancées avec des miettes de porphyre et de marbre rose.

Aux lueurs colorées que laissent filtrer les vitraux,

toute cette magnificence de conte oriental chatoie, miroite, étincelle dans la pénombre et le silence de ce lieu presque toujours vide, et entouré d'esplanades vides, où nous nous promenons seuls. Des petits oiseaux, familiers du sanctuaire, entrent et sortent par les portes de bronze constamment ouvertes, se posent sur les corniches de porphyre, sur les ors et sur les nacres, tolérés en amis par les deux ou trois vieux gardiens à barbe blanche, qui sont agenouillés et qui prient dans des recoins d'ombre. Par terre, sur les dalles de marbre, sont jetés des tapis anciens de Perse et de Turquie, aux teintes délicieusement fanées.

Tout le vaste milieu de cette mosquée circulaire, quand on entre, est d'abord invisible, entouré d'une double clôture, — la première en bois finement ouvragé, dans le genre des moucharabiehs arabes, la seconde en fer d'un travail gothique et mise là par les Croisés quand ils firent passagèrement de ce lieu une église du Christ. En se hissant sur quelque socle de marbre, on arrive à plonger les yeux dans cet intérieur si caché... Vu l'environnante splendeur, on s'attendait à de merveilleuses richesses encore, — et on s'épouvante presque devant ce qui apparaît: quelque chose de sombre et d'informe, dans la demi-obscurité de ce lieu magnifique ; quelque chose qui se soulève irrégulièrement comme une grande vague noire, figée; un rocher sauvage, une cime de montagne...

C'est le sommet du mont Moriah, sacré pour les israélites, pour les musulmans et pour les chrétiens; c'est l'aire d'Ornan, le Jébuséen, où le roi David aperçut l'ange exterminateur « tenant en main une épée nue tournée contre Jérusalem ». (II *Rois*, XXIV, 16. — I *Paralipomènes*, XXI, 16.)

David y fit l'autel des holocautes (I *Paralipomènes*, XXII, 1) et son fils Salomon y bâtit le temple, nivelant à grands frais les alentours, mais respectant les irrégularités de cette cime parce que les pieds de l'ange l'avaient frôlée. *Salomon commença donc à bâtir le temple du Seigneur sur la montagne de Moriah, qui avait été montrée à David son père, et au lieu même que David avait disposé dans l'aire d'Ornan, le Jébuséen.* (II *Paralipomènes*, III, 1.)

Dans la suite des âges, on sait de quelles magnificences inouïes et de quelles destructions acharnées cette montagne de Moriah devint le centre. Le temple qui la couvrait, rasé par Nabuchodonosor, rebâti au retour de la captivité de Babylone, détruit de nouveau sous Antonius IV, fut réédifié encore par Hérode, — et vit alors passer Jésus, l'entendit parler sous ses voûtes... C'étaient, chaque fois, de ces constructions géantes, confondant nos imaginations modernes, qui coûtaient le prix d'un empire et dont on retrouve dans la terre les bases presque surhumaines. Après l'anéantissement de Jérusalem par Titus, un temple de Jupiter, élevé sous le règne d'Adrien, remplaça le temple du Seigneur. Plus tard, les chrétiens des premiers siècles, par mépris des juifs, couvrirent longtemps cette cime sacrée de débris et d'immondices, et ce fut le calife Omar qui la fit pieusement déblayer, sitôt qu'il eut conquis la Palestine; son successeur enfin, le calife Abd-el-Melek, vers l'an 690, l'abrita pour une longue suite de siècles sous la mosquée charmante qui est encore debout.

A part le dôme, restauré au xiie et au xive siècle, les Croisés, en arrivant, trouvèrent cette mosquée à peu près telle qu'elle est aujourd'hui; déjà vieille à leur époque autant que le sont à présent nos églises gothiques, elle était revêtue de ses inaltérables broderies de marbre et d'or, elle avait ses reflets de brocart, dont la durée est indéfinie, presque éternelle. Ils la convertirent en église, posant leur autel de marbre au centre, sur le rocher de David. Saladin ensuite, à la chute de l'empire des Francs, la rendit au culte d'Allah, après l'avoir longuement purifiée par des aspersions d'eau de roses.

Couronnant les frises, des inscriptions d'or (en ces vieux caractères coufiques, qui sont aux lettres arabes ce que l'écriture gothique est à l'écriture de nos jours) parlent toutes du Christ d'après le Coran, — et leur sagesse profonde est presque pour jeter l'inquiétude dans les âmes chrétiennes : *O vous qui avez reçu les Écritures, ne dépassez pas la mesure juste dans votre religion. Le Messie Jésus n'est que le fils de Marie, l'envoyé de Dieu et son Verbe, qu'il déposa en Marie. Croyez donc en Dieu et en son envoyé, mais ne dites pas qu'il y a une Trinité ; abstenez-vous-en, cela vous sera plus avantageux. Dieu est unique. Dieu ne saurait avoir de fils, cela est indigne de lui. Quand il a décidé une chose, il n'a qu'à dire : Sois, et elle est...* (*Sura*, IV, 69 ; — XIX, 36.)

Tout un passé gigantesque, écrasant pour nos mièvreries modernes, s'évoque devant cette roche noire, devant cette cime de montagne morte et momifiée, qui ne reçoit jamais la rosée du ciel, qui ne produit jamais une plante ni une mousse, mais qui est là comme étaient les Pharaons dans leurs sarcophages ; qui, après deux millénaires de tourmentes, s'abrite depuis déjà treize siècles sous l'étouffement de cette coupole d'or et de ces murailles merveilleuses, bâties pour elle seule...

*
* *

Aux débuts encore hésitants de l'Islam, cette mosquée, visitée en songe par Mahomet, rivalisait avec la sainte Ka'ba, et c'est vers son rocher noir que se tournaient pendant leurs prières les musulmans primitifs. Aujourd'hui encore, l'esplanade qui l'entoure, toute cette enceinte grandiose et déserte du Haram-ech-Chérif, dont les sentinelles turques gardent les portes, est considérée par les Arabes comme le lieu le plus saint de la terre, après la Mecque et Médine; jusqu'au milieu de notre siècle, elle était si farouchement défendue, qu'un chrétien aurait joué sa vie en essayant d'y pénétrer, et c'est depuis quelques années seulement que l'accès en est ouvert aux hommes de toutes les religions, — en dehors de certains jours consacrés, et à la condition d'être accompagné d'un janissaire porteur d'un permis du pacha de Jérusalem. — Les juifs cependant, par crainte religieuse, n'y viennent jamais; jadis, c'était le temple du Seigneur, et ils redoutent de marcher sans le savoir sur le lieu du Saint des Saints dont la position n'est pas exactement définie.

*
* *

Tout au fond de l'immense place, s'ouvre, parmi de vieux cyprès, une autre mosquée millénaire et très vénérée en Islam, — El Aksa (la Mosquée Éloignée), — dont les colonnes et les chapiteaux disparates proviennent aussi de la destruction de temples païens ou d'églises chrétiennes des premiers siècles. A l'époque des croisades, elle donna son nom aux chevaliers qui l'occupaient : les Templiers. Si belle qu'elle soit d'une façon absolue, nous ne pouvons plus l'admirer, après cette inimaginable mosquée du Rocher, d'où nous venons de sortir.

Maintenant, nous errons sur l'herbe triste et sur les larges pierres blanches, au beau soleil de cette matinée de printemps, — petit groupe perdu dans les solitudes de ce lieu très saint. Par places, les dalles sont absentes, alors les foins et les fleurs poussent librement comme dans une prairie. Et, autour de la mosquée couleur de turquoise, se groupent, s'arrangent différemment, au hasard de notre promenade, les petits édicules singuliers qui l'entourent, le kiosque bleu, les *mirhabs* et les arcs de triomphe de marbre, les quelques oliviers caducs et les quelques grands cyprès mourants. Quelle imposante désolation dans cette enceinte, qui est comme le cœur silencieux de la Jérusalem antique, — qui est aussi comme le saint naos de toutes les religions issues de la Bible, christianisme, islam ou judaïsme ! Elle commande le suprême respect à tous ceux qui adorent le Dieu d'Abraham, qu'il s'appelle Allah, Rabbim ou Jéhovah, — et sa mélancolie de délaissement témoigne que la foi des vieux âges, sous toutes ses formes, se meurt dans les âmes humaines...

De temps à autre, au-dessus de ces constructions séculaires qui entourent le Haram-ech-Chérif, apparaît, un peu lointain, un mélancolique coteau de pierres grises, ponctué de noir par quelques rares oliviers.

— Ceci, — dit, en me le montrant, le Père en robe blanche qui a bien voulu nous accompagner et mettre à notre profit son érudition, — ceci, je n'ai pas besoin de vous le nommer, vous savez ce que c'est, n'est-ce pas?...

Et en baissant la voix, comme par une respectueuse crainte, il en prononce le nom :

— Le Gethsémani...

Le Gethsémani ! Non, je ne savais pas, moi qui

suis encore à Jérusalem un pèlerin nouveau venu, — et ce nom entendu tout à coup m'émeut jusqu'aux fibres profondes, et je regarde, dans un sentiment complexe et inexprimable, mélangé de douceur et d'angoisse, l'apparition encore lointaine.

* * *

En un point où l'esplanade domine à pic des ravins qu'on ne soupçonnait pas, il y a d'étroites fenêtres de siège, percées dans le mur d'enceinte.

— Tenez! me dit le Père blanc en m'indiquant de la main une de ces meurtrières. — Et mes yeux suivent son geste, pour regarder par là...

Oh! sur quel sombre abîme elle donne!... Un abîme très spécial, que j'aperçois ce matin pour la première fois, mais que je reconnais cependant tout de suite : la vallée de Josaphat!

Par l'étroite meurtrière, je la contemple sous mes pieds, avec un frisson... Tout en bas, dans ses derniers replis, le lit du Cédron desséché. Sur le versant d'en face, ces choses, d'un aspect et d'une tristesse uniques au monde, qui s'appellent les tombeaux d'Absalon et de Josaphat. Puis, dans un silence aussi morne que celui d'ici, dans une solitude qui continue celle de la sainte esplanade, tout le déploiement de la vallée pleine de morts. Des tombes et des tombes, semées à l'infini, pierres pareilles, innombrables comme les cailloux des plages, — et avec de tels airs d'abandon, de définitif oubli, qu'il semble impossible qu'une résurrection vienne jamais les rouvrir. Tout ce lieu, ce matin, sous son tapis éphémère d'herbes et de fleurs, manifeste lugubrement l'irrévocable de la mort et le triomphe de la poussière...

*

Maintenant nous descendons *sous* le Haram-ech-Chérif — car, dans toute la partie qui surplombe la vallée de Josaphat, cette plaine déserte est factice, soutenue en l'air par une substructure géante, par un monde de piliers et d'arceaux. Et c'est le roi Salomon qui, en ses conceptions grandioses d'homme des vieux temps, imagina d'augmenter ainsi l'esplanade du temple pour la rendre plus magnifique.

Sortes de catacombes aux séries d'arcades parallèles, aux voûtes frangées de stalactites, les dessous du Haram-ech-Chérif donnent la mesure de l'énormité des œuvres du passé, de leur puissance en comparaison des nôtres.

A l'époque des croisades, ces souterrains de Salomon servirent à loger la cavalerie des Francs et on y voit encore, scellés aux murailles, les anneaux de fer où les chevaliers Templiers attachaient leurs chevaux.

Dans l'enceinte du Haram-ech-Chérif, sont restées visibles deux des portes du temple de Jérusalem.

L'une, la porte Dorée, qui donne sur la vallée du Cédron et par laquelle — suivant une tradition acceptable — le Christ entra, aux acclamations du peuple juif, le jour des Rameaux. Une maçonnerie sarrasine la ferme aujourd'hui complètement ; elle a du reste été remaniée, à plusieurs lointaines époques, en des styles très divers. Et, tandis que nous sommes là, écoutant le Père S..., qui veut bien essayer de reconstituer pour nous les anciens aspects de ce lieu, nos esprits sont si loin plongés dans le recul des siècles, que nous ne nous étonnons plus de telles phrases : « Oh ! ceci est sans intérêt ; ce n'est *pas très vieux*, ce n'est qu'une retouche *du temps d'Hérode.* »

L'autre, la porte Double, également murée de nos jours, fut jadis cette porte du Milieu, par où l'on « montait » au temple, venant d'Ophel, et qui sans doute vit passer de compagnie Salomon et la reine de Saba. Les archéologues discutent si ses derniers remaniements datent de l'époque d'Hérode ou de l'époque byzantine. Elle est environnée de souterrains qui ont gardé leur mystère et pose sur des assises cyclopéennes ; bien plus que la précédente, elle donne le sentiment d'une antiquité lourde et ténébreuse. La colonne monolithe, qui la partage en son milieu, est vraisemblablement un dernier vestige resté debout du temple salomonien ; elle est trapue, monstrueuse, terminée par un chapiteau naïf représentant des palmes ; le linteau qu'elle supporte est une de ces pierres colossales que les hommes d'autrefois avaient le secret de remuer comme des pailles, mais qui écraseraient sous leur poids nos machines modernes. Tout l'ensemble de cette porte Double, incompréhensible sous des entassements de plâtre et de chaux épaisse, demeure là comme le débris de quelque construction faite, dans la nuit du passé, par des géants. Devant cette colonne et ce linteau, l'imagination cherche ce que pouvait être, dans sa magnifique énormité primitive, le Temple du Seigneur — devenu aujourd'hui ce désert du Haram-ech Chérif où trône solitairement une mosquée bleue...

IX

Lundi, 2 avril.

Rencontré ce matin, en dehors des murs de Jérusalem, l'enterrement d'une pèlerine russe : — il en meurt tant, au cours de ces voyages en Palestine ! — Vieille femme en cire jaune qui s'en va le visage découvert, emportée par d'autres matouchkas. Et ils suivent par centaines, les pèlerins et les pèlerines ; toutes les vieilles jupes fanées sont là ; toutes les vieilles casquettes à poils, toutes les barbes grises de moujiks, toute la foule sordide et noirâtre. Mais la foi triomphante rayonne dans les regards et ils chantent ensemble un cantique de joie : on la trouve si heureuse, on l'envie tant, celle-ci qui est morte en terre sainte !... Oh ! la foi de ces gens-là !...

* *

... Le soir, au coucher du soleil, sortant de chez les Pères de Sainte-Anne, j'étais tout près de l'enceinte gardée du Haram-ech-Chérif, tout près du lieu probable du prétoire de Pilate et du point initial de la Voie Douloureuse, — dans un quartier désert et sinistre.

Ils venaient de me montrer leur vieille basilique des croisades, les aimables Pères de Sainte-Anne; ils m'avaient conduit dans leur jardin pour me faire voir une piscine récemment exhumée par leurs soins et qui paraît être le réservoir de Béthesda; ils m'avaient fait descendre dans leurs profonds souterrains, où une tradition très vraisemblable place la maison de sainte Anne, mère de la Vierge Marie et où il est avéré, dans tous les cas, que, bien avant le passage de sainte Hélène, les solitaires du Carmel, les chrétiens du 1er et du IIe siècle descendaient par un soupirail pour tenir leurs clandestines assemblées de prières.

Tout ce passé revivait en mon esprit, au sortir de ce vénérable lieu, et maintenant, sous un silencieux crépuscule d'or, j'avais à remonter, entre des murailles et des ruines désolées, toute la Voie Douloureuse, pour arriver là-bas aux quartiers nouveaux que j'habite, près de la porte de Jaffa.

Sur ma gauche, venait de se fermer l'enceinte du Haram-ech-Chérif, impénétrable absolument à partir de l'heure du Moghreb, et, devant moi, s'allongeait, pressée entre de tristes murs, une sorte de ruelle de la mort conduisant à la Voie Douloureuse.

Cette voie, telle qu'on la vénère de nos jours, reconnue depuis le xvie siècle seulement, est fictive dans ses détails, — mais réelle sans doute dans sa direction et ses grandes lignes; ici surtout, en ce quartier de ruines qui entoure le palais de Pilate, les choses ont moins dû changer que plus loin, aux abords du Calvaire; l'ancien pavé romain se retrouverait, à quelques pieds au-dessous du sol exhaussé d'aujourd'hui, et certains de ces vieux murs, plus enterrés qu'ils ne l'étaient jadis, mais demeurés debout aux mêmes places, ont peut-être vu passer le Christ chargé de sa croix.

La voie est déserte, ce soir, et déjà obscure dans son resserrement profond, avec un peu de mourante lumière d'or, tout en haut, sur le faîte de ses pierres rougeâtres; le soleil doit être très bas, près de s'éteindre. On entend un bruit d'orgues et de chants religieux sortir encore de la chapelle des Pères de

Sainte-Anne, qui viennent de fermer leur porte.

Elle monte, la rue, pénible, étroite et assombrie, entre ses deux rangées de murailles antiques; par places, de grands arceaux, des fragments de voûte la traversent, l'enjambent irrégulièrement, y jetant plus d'ombre. Ses parois, hautes de trente pieds, sont bâties de larges pierres, romaines ou sarrasines, d'une même couleur un peu sanglante, avec çà et là, dans leur délabrement, des plantes accrochées; de distance en distance, des contreforts énormes, tout rongés, les soutiennent.

D'autres rues croisent celle-ci, aussi vides et aussi mortes, sans fenêtres, sans ouvertures d'aucune espèce, voûtées presque entièrement de lourds arceaux, en plein cintre ou en ogive, et s'en allant se perdre au loin dans une mystérieuse obscurité de nécropole. A peine quelques fantômes s'aperçoivent, rares et furtifs, au fond de ces couloirs : femmes voilées ou Bédouins drapés de manteaux grisâtres.

Hic flagellavit..., dit une plaque de marbre blanc, incrustée au-dessus d'une porte. Ah! c'est la chapelle de la flagellation du Christ, et bientôt le commencement de la Voie Douloureuse. Voici la caserne turque, bâtie sur l'emplacement du palais de Pilate, première station du Chemin de la Croix. A partir d'ici jusqu'au Saint-Sépulcre, toutes les stations suivantes me seront marquées par des inscriptions ou des colonnes.

Plus confuse, à mesure que je m'éloigne, la musique des Pères de Sainte-Anne est près de se perdre à présent dans le lointain, malgré l'immense recueillement silencieux qui s'épand sur Jérusalem avec le crépuscule.

Mais voici que d'autres chants s'élèvent, d'autres cantiques, d'autres sons d'orgue; je passe devant un autre couvent, sous l'arc romain de l'*Ecce Homo* (*saint Jean*, XIX, 5), et ce sont les Filles de Sion qui psalmodient derrière ces murs, à la gloire du Sauveur.

La Voie Douloureuse continue sa montée lugubre et solitaire, avec de temps en temps des brisures, des tournants brusques entre ses maisons mornes. Les derniers reflets d'or viennent de s'effacer aux pointes des plus hautes pierres et le chant des Filles de Sion commence à s'évanouir ; mais, au-dessus de ces murailles qui m'emprisonnent, un coin plus élevé de Jérusalem se profile maintenant en gris d'ombre sur le ciel chaud : un amas de petites coupoles centenaires, avec deux minarets couronnés déjà, en l'honneur du ramadan, de leurs feux nocturnes.

Les cantiques des Filles de Sion ne s'entendent

plus ; mais d'autres cris religieux, exaltés et stridents, partent ensemble de différents points de la ville, traversant l'air comme de longues fusées : les muézins, qui chantent le Moghreb!... Oh! Jérusalem, sainte pour les chrétiens, sainte pour les musulmans, sainte pour les juifs, d'où s'exhale un bruit incessant de lamentations ou de prières!...

La Voie monte toujours. Parfois, des maisons sarrasines la traversent, — comme des ponts sinistres jetés au dessus, — des maisons qui y regardent de haut, par de méfiantes petites fenêtres bardées et grillées de fer. Les muézins ont fini d'appeler ; le crépuscule et le silence jettent leur enchantement sur cette Voie Douloureuse, que j'avais vue hier banale et décevante au soleil du plein jour ; le mystère des pénombres la transfigure ; son nom seul, que je redis en moi-même, est une sainte musique ; le Grand Souvenir semble chanter partout dans les pierres...

Lentement, je suis arrivé à la septième station du Chemin de la Croix, — à cette porte Judiciaire par laquelle le Christ serait sorti de Jérusalem pour monter au Golgotha. Alors, il me faut traverser un lieu bruyant et obscur, encombré d'Arabes et de chameaux, dans lequel, sans transition, je pénètre après le calme, après la solitude de la ville plus basse ; c'est le « Bazar de l'huile », un quartier de petites ruelles entièrement voûtées en plein cintre par les soins des Croisés et devenues aujourd'hui le centre d'un continuel grouillement bédouin. Il y fait noir ; les lanternes sont allumées dans les échoppes où se vendent l'huile et les céréales ; on est bousculé dans les couloirs étroits par les passants en burnous, on est étourdi par les cris des vendeurs et les clochettes des chameaux.

Puis le calme revient encore, au sortir de ce bazar couvert, et les chants religieux recommencent. Je suis parvenu au terme de la Voie Douloureuse : le Saint-Sépulcre ! Comme toujours, la porte des basiliques est grande ouverte et il s'en échappe un bruit de psalmodies.

Ce soir, ce sont les Arméniens, en cagoule de deuil, qui chantent tout près de l'entrée, encensant la « pierre de l'onction » et se prosternant pour la baiser ; l'un d'eux, le principal officiant, est en robe d'or, coiffé d'une tiare rouge.

Ils ont fini, et ils s'éloignent rituellement, dans le dédale obscur des églises, très vite toujours, comme pressés d'aller adorer ailleurs, dans une autre partie de ce lieu de toutes les adorations, où les moindres pierres sont journellement encensées et embrassées avec larmes. Leur chant une fois perdu dans le lointain des voûtes, voici un autre bruit qui s'approche, qui monte des profondeurs noires, puissant et lourd comme celui d'une foule en marche, d'une foule qui s'avancerait en murmurant des prières à voix basse dans des sonorités de caveau... C'est une horde de pèlerins du Caucase, que j'ai vus entrer ce matin dans Jérusalem ; ils reviennent des chapelles souterraines et ils vont sortir d'ici, leur journée finie. En arrivant au kiosque du Sépulcre, ils en font le tour, embrassant chaque pierre, soulevant dans leurs mains des petits enfants pour qu'ils puissent embrasser aussi, et leurs yeux, à travers des larmes, sont tous levés, en prière extasiée, vers le ciel...

Est-il possible vraiment que tant de supplications — même enfantines, même idolâtres, entachées, si l'on veut, de grossièreté naïve — ne soient entendues de personne ?... Un Dieu — ou seulement une suprême Raison de ce qui est — ayant laissé naître, pour tout de suite les replonger au néant, des créatures ainsi angoissées de souffrance, ainsi assoiffées d'éternité et de revoir ! Non, jamais la cruauté stupide de cela ne m'était encore apparue aussi inadmissible que ce soir, et voici que ce raisonnement tout simple, vieux comme la philosophie et que j'avais jugé vide comme elle, prend dans ce lieu, devant ces grandes manifestations de détresse humaine au Saint-Sépulcre, un semblant de force ; voici qu'il réveille au fond de moi-même, d'une façon inattendue et douce, les vieux espoirs morts!... Et je bénis fraternellement, pour ce peu de bien qu'ils m'ont fait, les humbles qui passent là devant moi, chuchotant dans les ténèbres leurs confiantes prières...

X

Mardi, 3 avril.

De la haute terrasse du couvent des Filles de Sion, où je suis aujourd'hui, à l'heure lumineuse et déjà dorée qui précède le soir, on a vue, comme en planant, sur toute l'étendue de la ville sainte. Les deux *mères* qui ont bien voulu m'y conduire — religieuses exquises après avoir été dans le monde des femmes d'élite — me montrent, avec des explications, le déploiement de cette ville où elles sont venues vivre et joyeusement mourir. Les ruines, les églises et les monastères, l'innombrable assemblage des petites coupoles de pierres grisâtres, les grands murs sombres et les espaces morts, tout cela se déroule sous nos yeux, en un immense tableau d'abandon et de mélancolie. Nous sommes presque au milieu du quartier musulman et les premières coupoles, les premières terrasses, à nos pieds, appartiennent à de mystérieuses demeures. Nous surplombons de tout près un petit couvent de derviches hindous, dans lequel sont reçus et logés les pèlerins mahométans venus de l'Orient extrême ; c'est un assez étrange et misérable lieu, où des femmes et des chats rêvent en ce moment au soleil du soir, assis sur les vieilles pierres des toits. Au loin et du côté de l'ouest, s'en va le faubourg de Jaffa : les consulats, les hôtels, toutes les choses modernes, d'ici peu apparentes et auxquelles, du reste, nous tournons le dos. En suivant vers le sud occidental, viennent le quartier des Grecs, le quartier des Arméniens et le noirâtre quartier des Juifs : milliers de petits dômes pareils, d'aspect séculaire, avec quelques minarets, quelques clochers d'églises, tout cela renfermé, séparé de la campagne pierreuse et déserte par de hauts remparts aux crénelures sarrasines. Dans tout le sud-est, l'enceinte du Haram-ech-Chérif, sur laquelle nos yeux planent, étend ses solitudes saintes, où trône la mosquée bleue, isolée et magnifique ; au-dessus de ses murailles de forteresse, le Gethsémani, le mont des Oliviers, élèvent des cimes grises, et plus haut encore que tout cela, dans un presque irréel lointain, s'esquissent en bleuâtre les montagnes du pays de Moab. Elle est d'une tristesse et d'un charme infinis, l'Enceinte Sacrée, ainsi regardée à vol d'oiseau, avec ses quelques cyprès, qui y tracent comme des larmes noires, avec ses kiosques, ses mirhabs, ses portiques de marbre blanc, épars autour de la merveilleuse mosquée de faïence. Et voici du monde aujourd'hui, dans ce lieu habituellement vide, des pèlerins mahométans, — tout petits pygmées, vus d'où nous sommes, — un défilé de robes éclatantes, rouges ou jaunes, qui sortent du sanctuaire aux murs bleus, pour s'éloigner silencieusement à travers l'esplanade funèbre : scène du passé, dirait-on, tandis que, le soleil baissant, la lumière se fait de plus en plus dorée sur Jérusalem et que là-bas la ligne calme des montagnes du Moab commence à prendre ses tons violets et ses tons roses du soir...

Elles ont une des places les plus enviables de Jérusalem, les Filles de Sion.

D'abord l'arc romain de l'Ecce Homo, qui traverse la Voie Douloureuse en face de leur couvent, se continue chez elles par un second arc à peu près semblable, qu'elles ont laissé intact, avec ses vieilles pierres frustes et rougeâtres, et qui impressionne étrangement : débris probable du Prétoire de Pilate, debout au milieu de leur chapelle toute blanche, — décorée, d'ailleurs, avec un goût sobre, d'une distinction suprême.

Ensuite, en creusant le sol au-dessous de leur cloître, elles ont découvert d'autres émotionnantes ruines : une sorte de corps de garde romain qui, vraisemblablement, servait aux soldats du Prétoire; le commencement d'une rue, au pavage antique, dont la direction est *la même* que celle de la Voie Douloureuse aujourd'hui reconnue, et, enfin, des entrées de souterrains qui semblent conduire au Haram-ech-Chérif, à l'enceinte du Temple. — C'est ainsi que bientôt, en fouillant de tous côtés, sous les couvents, sous les églises, à dix ou douze mètres plus bas que le niveau actuel, on reconstituera la Jérusalem du Christ.

Chez les Filles de Sion, bien entendu, ce souterrain, cette rue, tout cela se perd mystérieusement dans la terre amoncelée, sitôt qu'on arrive aux limites de la communauté. Mais plus loin, disent-elles, en différentes places, d'autres religieux ont commencé à faire de même; chaque monastère plonge, par des caveaux, dans le sol profond, et déjà l'on peut, en rapprochant idéalement les tronçons des voies hérodiennes, les débris des anciens remparts, retrouver et suivre jusqu'au Calvaire la route du Christ.

Ce qui frappe singulièrement ici, dans ces fouilles, c'est la conservation de ce vieux pavage, le poli de ces pierres rougeâtres qui, pendant des siècles sous la terre, ont gardé l'usure des pas... Et même voici, sur l'une des dalles, grossièrement gravé au couteau, un jeu de margelle identique à ceux de nos jours ! un jeu qu'avaient tracé les soldats romains pour occuper leurs heures de veille... Oh ! comme il est impressionnant, ce détail, pourtant si puéril, et quelle vie soudaine sa présence vient jeter pour moi dans ce fantôme de lieu !...

Est-ce que nous sommes bien dans le corps de garde du Prétoire ?... Ce vestige de rue, qui part d'ici, en pleine obscurité sépulcrale pour se perdre dans la terre, est-ce bien le commencement de la voie qui mena le Christ au Golgotha ? Rien n'autorise encore à l'affirmer, malgré les probabilités grandes. Mais la Mère qui m'accompagne dans ces caveaux, promenant sur les murs millénaires la lueur de sa lanterne, a réussi à faire passer momentanément en moi sa conviction ardente; me voici, devant ces débris, ému autant qu'elle-même et, pour un temps, je ne doute plus...

Ce jeu de margelle, par terre, attire et retient mes yeux... Maintenant, je les vois presque, les soldats de Pilate, accroupis à jouer là, pendant que Jésus es interrogé au Prétoire. Toute une reconstitution se fait dans mon esprit, involue, spontanée, des scènes de la Passion, avec leurs réalités intimes, avec leurs détails très humains et très petits ; sans grands déploiements de foules, elles m'apparaissent là, si étrangement présentes, dépouillées de l'auréole que les siècles ont mise alentour, amoindries — comme toutes les choses vues à l'heure même où elles s'accomplissent — et réduites, sans doute, à leurs proportions vraies... Il passe devant moi, le petit cortège des suppliciés, traînant leurs croix sur ces vieux pavés rouges... C'est au lever d'une journée quelconque des nuageux printemps de Judée; ils passent ici même, entre ces murs si longtemps ensevelis, contre lesquels ma main s'appuie ; ils passent, accompagnés surtout d'une horde de vagabonds matineux et craintivement suivis de loin par quelques groupes de disciples et de femmes que l'anxiété avait tenus debout toute la froide nuit précédente, qui avaient veillé dans les larmes, autour du feu... L'événement qui a renouvelé le monde, qui, après dix-neuf cents ans, attire encore à Jérusalem des multitudes exaltées et les fait se traîner à genoux pour embrasser des pierres, m'apparaît en cet instant comme un petit forfait obscur, accompli en hâte et de grand matin, au milieu d'une ville dont les habitudes journalières en furent à peine troublées...

Tandis que je marche dans le souterrain, aux côtés de la religieuse en robe blanche, la vision que j'ai se déroule, inégale, trop instantanée, en quelques furtives secondes, avec des intervalles vides, des lacunes, des trous noirs, comme dans les songes... Maintenant, c'est après la crucifixion, la foule déjà dispersée, l'apaisement commencé; la croix, sous le ciel de midi, qui est un peu trop sombre, étend ses deux grands bras, dépasse en hauteur le faîte des murs de Jérusalem, est visible de l'intérieur de la cité, est regardée encore, des terrasses, par quelques femmes silencieuses, aux yeux d'angoisse... Oh! si humaines, les larmes versées en ce jour-là autour de Jésus!... Sa mère, la sœur de sa mère, ses frères, ses amis, le pleurant, *lui,* parce qu'ils l'aimaient d'un amour humain, d'une anxieuse tendresse de cette terre. Et quoi de plus humblement terrestre aussi que ce passage de saint Jean, tout à coup retrouvé dans ma mémoire: « Jésus, ayant donc vu sa mère et près d'elle le disciple qu'il aimait, dit à sa mère: Femme, voici votre fils. Puis il dit au disciple: Voilà votre mère. *Et, depuis cette heure-là, le disciple la prit chez lui.* » (*Saint Jean,* XIX, 26, 27.)

Enfin, dernière image qui vient, inattendue et

froide, terminer le rêve: le soir du grand lugubre jour; les choses tout de suite rentrant dans l'ordre, reprenant leur cours inconscient; une incroyable tranquillité retombée, comme sur une exécution quelconque; la population juive, retournant à ses trafics et à ses fêtes, préparant sa Pâque, après ce forfait presque inaperçu, sans se douter que ses fils en porteraient la peine et l'opprobre aux siècles des siècles.

Quand nous remontons du souterrain, remettant pied dans l'heure présente et les choses actuelles, c'est comme au sortir de l'épaisse nuit des temps, où nous aurions été là replongés et où nos yeux visionnaires auraient perçu des reflets de très anciens fantômes... Jamais je ne m'étais senti si humainement rapproché du Christ, — de *l'homme*, notre frère, qui, incontestablement pour tous, vécut et souffrit en lui... Ce sont les mystérieuses influences de ces lieux qui en ont été les causes, ce sont ces vieux pavés hérodiens sous nos pas, ce jeu de margelle tracé par les soldats de Ponce-Pilate, — tous ces effluves du passé que dégagent ici les pierres...

XI

Mercredi, 4 avril.

En me rendant aujourd'hui chez les Dominicains, — où le Père S... a bien voulu me donner rendez-vous pour me montrer le tracé des anciennes murailles de Jérusalem et m'exposer les plus récentes preuves de l'authenticité du Saint-Sépulcre, — je passe devant cette colline couverte d'herbe rase et parsemée de tombes, qu'on appelle encore le « Calvaire de Gordon ».

Il y a quelque trente ans, Gordon, rêvant dans ces parages, avait été frappé d'une certaine ressemblance de grande tête de mort que présentent les roches à la base de cette colline; trop légèrement sans doute, il en avait conclu que ce devait être là le « champ du crâne », le vrai Golgotha, et son opinion, jusqu'à ces dernières années, jusqu'à l'époque des dernières fouilles russes, avait trouvé crédit chez tous les esprits un peu frondeurs, heureux de prendre en défaut les traditions antiques.

Elle est assez frappante, du reste, cette ressemblance des roches; aujourd'hui surtout, le soleil est bien placé, l'éclairage est propice, et le crâne se dessine, contemplant par les deux trous de ses yeux les mélancoliques alentours.

Chez les Dominicains, maintenant, dans leur tranquille salle d'étude. — Nous regardons une grande carte accrochée à la muraille et sur laquelle se trouve savamment reconstituée presque toute la Jérusalem d'Hérode.

A priori, on s'expliquait difficilement que l'impératrice Hélène, venue dans la ville sainte à peine deux cent cinquante ans après Jésus-Christ, se fût trompée d'une façon si grossière sur la position du Golgotha. Il est vrai, les chrétiens des premiers siècles, dans leur spiritualité évangélique, n'avaient pas le culte des lieux terrestres; mais c'est égal, comment auraient-ils pu si vite oublier où s'était passé le martyre du Sauveur qui, à cette époque, n'était guère plus loin d'eux que ne le sont de nos jours les faits du xviie siècle, ceux du règne de Louis XIV par exemple ? Il restait cependant cette objection très grave : le vrai Calvaire, d'après les historiens sacrés, était près d'une des portes et en dehors des murs de Jérusalem, tandis que celui de l'impératrice Hélène semble situé presque au cœur de la ville...

Sur la grande carte murale que nous examinons, sont tracées les trois enceintes anciennes, conjecturées d'après des fouilles dans le sol, d'après des recherches dans les vieux auteurs : la première, n'enfermant que la ville primitive et le temple; la seconde, s'étendant vers le nord-ouest, mais laissant *en dehors*, dans un de ses angles rentrants, le Calvaire et le Sépulcre; la troisième, celle qui subsiste de nos jours, englobant tout, mais postérieure, celle-ci, à l'époque du Christ. Et les dernières fouilles russes viennent, paraît-il, de donner une sanction éclatante à ces conjectures sur le parcours et l'angle rentrant de cette deuxième enceinte. Alors l'objection tombe, rien n'en subsiste plus, et on peut continuer d'admettre comme authentique ce lieu vénérable, d'où monte vers le ciel, depuis tant de siècles, une immense et incessante prière.

***

En sortant de chez les Dominicains, je me dirige, sur leurs indications, vers le lieu de ces fouilles nouvelles. Entré dans Jérusalem par la porte de Jaffa, je descends la rue des Chrétiens et, passant devant le Saint-Sépulcre, tête nue comme il est d'usage, je vais frapper à la porte d'un couvent russe, — qui s'ouvre, par exception, malgré l'heure tardive.

Derrière la chapelle, à cinq ou six mètres au-dessous du sol contemporain, les précieuses découvertes, soigneusement déblayées, s'abritent sous de grandes voûtes d'église, tout uniment blanches.

C'est d'abord une voie hérodienne, pavée de pierres striées, comme celles des caveaux d'hier, — vraisemblablement la continuation et la fin de cette même Voie Douloureuse qui commence là-bas, sous le couvent des Filles de Sion, pour aboutir ici, tout à côté de la basilique du Saint-Sépulcre, au pied même du Calvaire. Puis, c'est un fragment indiscutable des vieux remparts de Jérusalem; c'est le seuil, ce sont les soubassements d'une des portes de la ville par laquelle cette sombre voie passe et sort — pour monter en tournant dans la direction de la Basilique et s'enfouir là, sous les terrassements anciens, à la base du Golgotha.

Toutes ces choses massives et frustes, d'une couleur rougeâtre comme la terre, laissées telles quelles, sous des voûtes blanches, sans un ornement, sans un tabernacle, sans une lampe, font l'effet de ces débris morts qui gisent dans les musées, — sauf qu'elles sont restées en place et qu'elles ont leurs attaches profondes dans le sol. Le rempart est composé de ces blocs, de dimensions cyclopéennes, qui dénotent les constructions antiques, et le seuil de cette porte de ville est une pierre géante, où se voient encore les trous pour les gonds énormes, l'entaille centrale pour les barres de fermeture.

Elle est étrange et unique, cette voie, tout de suite perdue dans un impénétrable grand mur et, quand même, désignant la montée et la direction du Calvaire, avec une sorte de geste indicateur mutilé, brisé, mais indéniable et décisif. Et comme il est émotionnant à regarder, ce seuil, qui a conservé le poli des usures millénaires — et où sans doute se sont posés les pieds du Christ, alourdis du poids de la croix !...

« Pourquoi cherchez-vous parmi les morts celui qui est vivant? » dit l'ange annonciateur de la résurrection (*saint Luc*, XXIV, 5); et ces mots sont devenus comme la devise des chrétiens évangéliques, pour lesquéls les lieux saints comptent à peine. Mais j'ai cessé d'être des leurs, et, comme je ne pourrai jamais marcher avec les multitudes qui dédaignent le Christ ou l'oublient, je suis retombé au nombre de ceux qui le cherchent désespérément parmi les morts. Et je poursuis partout ici son ombre, inexistante peut-être, mais demeurée quand même adorable et douce. Et je subis, sans le comprendre, le sortilège de son souvenir — seul des souvenirs humains qui ait gardé le pouvoir de faire encore couler les bienfaisantes larmes. Et je m'abîme et m'humilie, en un recueillement profond, devant ce funèbre vieux seuil, exhumé hier, sur lequel peut-être Jésus a fait ses derniers pas, le matin où il s'en allait, angoissé comme le moindre d'entre nous, au grand mystère de sa fin...

XII

Jeudi, 5 avril.

... Erré à cheval, au déclin du soleil, dans la triste campagne de Jérusalem, du côté du Levant et du Nord.

Commé il est pâle, ici, le printemps, — pâle, voilé et froid ! Il est vrai, nous sommes sur les hauts plateaux de Judée, à huit cents mètres environ au-dessus du niveau des mers, déjà dans la région des vents et des nuages.

Campagnes de pierres grisâtres, parsemées d'oliviers frêles; par terre, une herbe courte et rare, et toujours les mêmes fleurs, des anémones, des iris, des cyclamens.

Un vent très frais s'est levé à l'approche du soir; de longs nuages effilés arrivent de l'ouest et courent dans le ciel jaune. Le sol est jonché de ruines, plein de cavernes et de sépulcres, et, de temps à autre, au hasard des collines de pierres et des vallées de pierres, la muraille de Jérusalem, dans le lointain, apparaît ou se cache, toujours farouche et haute, évoquant les grands fantômes des Croisés et de Saladin.

Je m'arrête successivement à ces deux nécropoles souterraines, qui sont percées en labyrinthe au cœur des rochers et que les voyageurs visitent toujours : l'une appelée le « Tombeau des rois » et qui était vraisemblablement le lieu de sépulture de la reine d'Abidème avec ses fils ; l'autre, appelée le « Tombeau des juges » et qui, au dire des plus récents archéologues, fut creusée pour les membres du Sanhédrin. Toutes deux témoignant du faste grandiose des vieux temps, et toutes deux, vides, profanées, fouillées on ne sait combien de fois, pendant les invasions et les pillages.

XIII

Vendredi, 6 avril.

C'est le jour que le Père S... a bien voulu fixer pour me conduire à la vallée de Josaphat et au Gethsémani.

L'archimandrite russe est mort hier, et on doit l'emporter tout à l'heure de ce côté-là, au-dessus du Gethsémani, au mont des Oliviers, pour l'y enterrer. Alors la route que nous suivons — et qui contourne extérieurement, du côté du nord, les murs de Jérusalem, — est envahie par des gens qui veulent voir défiler ce cortège. Et tous les mendiants aussi, tous les estropiés, tous les aveugles sont là, échelonnés le long du parcours, assis comme des gnomes au pied des remparts de Sélim II, sur les pierres qui bordent le chemin.

Puis, quand nous tournons l'angle oriental de la

ville et que la vallée de Josaphat s'ouvre, en grand précipice devant nous, elle apparaît ce soir d'une animation extraordinaire. Lieu habituel du morne silence, elle est par exception remplie de bruit et de vie. Des Grecs, des Arabes, des Bédouins, des Juifs; des femmes surtout, des groupes de longs voiles blancs parmi les tombes, attendent que passe le corps du vieil archimandrite, dont la sépulture sera de l'autre côté de cette sombre vallée, sur la montagne d'en face.

Descendons d'abord jusqu'au plus bas du ravin, traversons le lit desséché du Cédron, et là, avant de remonter vers le Gethsémani, nous nous arrêterons au tombeau de la Vierge : une antique église du IVe siècle que, depuis plus de mille ans, toutes les religions se sont disputée et arrachée. Elle appartient aujourd'hui en commun aux Arméniens et aux Grecs; mais les Syriens, les Mahométans, les Abyssins et les Cophtes y possèdent tous un endroit réservé pour leurs prières, et les Latins seuls en sont exclus.

Extérieurement, on n'en voit rien, qu'une triste façade de mausolée, dont les pierres noirâtres sont envahies par les herbes des ruines: au milieu, une antique porte de forteresse aux clous énormes, toute déjetée sous son armature de fer, — et un seuil de fer, usé sous les pas des pieuses foules.

Dès l'entrée, une obscurité subite, une âcre odeur de moisissure et de caverne, où se mêle le parfum de l'encens; des haillons suspendus, des grabats sordides et défaits, qui servent aux gardiens de ce lieu rempli d'argent et d'or. On a devant soi un escalier monumental qui s'enfonce dans la terre, sous une sorte de nef d'église, inclinée aussi et en descente rapide, comme l'escalier, vers les profondeurs obscures. Cette voûte penchée, aux arceaux d'un gothique primitif et lourd, est l'ouvrage des Croisés qui, en arrivant, déblayèrent l'église byzantine d'en dessous, en ce temps-là convertie en mosquée et à moitié enfouie ; sur les principales pierres, du reste, la marque des tâcherons Francs du xiiie siècle se lit encore...

A l'usure des marches, au luisant noir des murailles, on prend de prime abord conscience d'une antiquité extrême.

On descend et ce que l'on aperçoit en bas ressemble plus à une grotte qu'à une église ; cependant, de la voûte, retombent, comme de merveilleuses stalactites, des centaines de lampes d'argent ou d'or, accrochées en guirlandes ou en chapelets.

Il est irrégulier et tourmenté, cet intérieur de crypte ; il est tout en petits recoins incompréhensibles, où cherchent à s'isoler les uns des autres les autels des cinq ou six cultes ennemis. On y trouve même, dans un coin près du tombeau, au milieu de tant de symboles chrétiens, un mirhab de mosquée pour les Mahométans, — qui ont voué, comme on sait, une vénération particulière à « Madame Marie, mère du prophète Jésus ». Ici, plus encore qu'au Saint-Sépulcre, le contraste est étrange entre les richesses d'ancienne orfèvrerie, partout amoncelées, et l'usure millénaire, le délabrement, l'air de caducité mourante : des voûtes à demi brisées, des pierres frustes, de grossières maçonneries, des fragments de roches souterraines; tout cela, enfumé et noirâtre, suintant d'humidité à travers les toiles d'araignée et la poussière. Il fait nuit comme dans un caveau pour les morts. Il y a des couloirs ténébreux, murés depuis des siècles, des commencements d'escaliers qui allaient jadis on ne sait où et qui se perdent aujourd'hui dans la terre. Il y a d'autres tombeaux aussi, qui passent pour ceux de saint Joseph, de sainte Anne, des parents de la Vierge; il y a même une citerne, enfermant une eau réputée miraculeuse. Çà et là, de vieux brocarts, cloués sur le rocher, pendent comme des loques, ou bien de vieilles broderies orientales, jetées sur les murs, s'émiettent et pourrissent. Et les cierges et l'encens fument ici sans cesse, dans l'étouffement funèbre de ce lieu, sous cette espèce de pluie, de givre d'argent et d'or, qui est une profusion de lampes et de lustres sacrés, de tous les styles et de tous les temps.

L'authenticité de cet étrange sanctuaire est bien contestable ; elle est même formellement contredite par le troisième concile général tenu à Éphèse en l'an 341 et qui place à Éphèse même le tombeau de la Vierge, à côté du tombeau de saint Jean, son fils d'adoption. Les érudits en sont aussi à discuter si c'est bien sainte Hélène qui fonda la basilique primitive, en même temps que celle du Saint-Sépulcre ; mais tel qu'il est, dans sa naïve barbarie, ce lieu demeure l'un des plus singuliers de Jérusalem.

Tandis que nous remontons de l'obscurité d'en bas, par le large escalier noir des Croisés, un chant grave et magnifique nous arrive du dehors, un chœur qui se rapproche, chanté à pleine voix rude par des hommes en marche : c'est l'enterrement de l'archimandrite ; c'est le spectacle que la foule attendait et qui s'offre à nous au sortir de l'église souterraine, dans la lumière subitement reparue.

En tête, cheminent des gens en robes de brocart, portant, au bout de hampes, des croix d'argent et des soleils d'or ; puis, viennent les prêtres, les chanteurs de cette funèbre marche. Et enfin, le vieil archimandrite s'avance et passe, le visage découvert, livide, couché sur des fleurs ; il traverse le lit du Cédron et, emporté les pieds en avant, plus hauts que la tête, il commence de s'élever sur la montagne sacrée où il va dormir. Auprès de nous, — qui le regardons, arrêtés contre les antiques portes de fer, — des Musulmans sont agenouillés, tournant dédaigneusement le dos au cortège et priant Madame Marie, avant de descendre dans son tombeau ; ils portent le turban vert des pèlerins qui reviennent de la Mecque ; leurs groupes et leurs prières, tout cela est du plus pur Islam, bizarrement mêlé à ce défilé du vieux rite orthodoxe russe. Et l'ensemble caractérise bien cette Babel des religions, qui est Jérusalem... Nous sommes au plus profond du ravin, surplombés de tous côtés ; derrière le cortège qui s'éloigne, avec ses chants et ses emblèmes, la sombre vallée de Josaphat déroule la succession infinie de ses tombes ; du côté du levant sont les cimetières d'Israël, dominés par le Gethsémani et le mont des Oliviers ; et du côté de l'ouest s'étagent les cimetières musulmans, que couronne, presque montée dans le ciel, la haute muraille grise de Jérusalem...

Cependant, nous nous rendons au Gethsémani, et j'aurais voulu du silence. Pour la première fois de ma vie, je vais pénétrer — oh! si anxieusement — dans ce lieu dont le nom seul, à distance, avait le grand charme profond, et je ne prévoyais pas tout ce monde, cet enterrement pompeux, ces gens quelconques attroupés là pour un spectacle...

D'abord, entrons dans la grotte dite de l'« Agonie », — devenue aujourd'hui une chapelle à voûte de clocher, — qui passe, depuis le xive siècle, pour le lieu de l'agonie du Christ, mais qui, d'après une indiscutable tradition primitive, est l'abri où, la nuit de la Passion, sommeillaient les apôtres. Si tant d'autres lieux saints, à Jérusalem, ne sont que conjecturés et probables, celui-ci ne saurait être contesté, pas plus que le Gethsémani, d'ailleurs, qui, à aucune époque de l'histoire, n'a changé de nom.

Les petits autels, très antiques, très modestes et d'aspect délaissé, ne défigurent pas cette grotte, dont l'ensemble a dû peu varier depuis dix-neuf siècles. Par une nuit de printemps, froide comme va être celle qui s'approche ce soir, les apôtres dormaient là, les yeux appesantis d'un sommeil de fatigue et d'angoisse (*Mathieu*, XXVI, 40, 43; *Marc*, XIV, 40), tandis que le Christ s'était éloigné d'eux dans le jardin, « à la distance d'un jet de pierre », pour se recueillir et prier dans l'attente de la mort. C'est sous cet abri que Jésus revint par trois fois les éveiller et qu'il fut environné enfin par la troupe armée, accourue avec des lanternes et des flambeaux pour se saisir de lui.

Cette voûte de rochers, qui se tient là, muette sur nos têtes, a vu ces choses et les a entendues...

Pour entrer au jardin de Gethsémani, qui est situé à quelques pas plus loin, au flanc du mont des Oliviers, il faut frapper à la porte d'un couvent de moines franciscains qui gardent jalousement ce lieu.

Un jardinet mignard, entouré d'un mur blanc sur lequel on a peinturluré un Chemin de Croix. Huit oliviers — millénaires, il est vrai, sinon contemporains du Christ, — mais enfermés derrière des grilles pour empêcher les pèlerins d'en détacher des rameaux; alentour, des petites plates-bandes qu'un frère est occupé à ratisser et où poussent de communes fleurs de printemps, des giroflées jaunes et des anémones... Plus rien du Grand Souvenir ne persiste en cet endroit banalisé; des moines ont accompli ce tour de force : faire de Gethsémani quelque chose de mesquin et de vulgaire. Et l'on s'en va, l'imagination déçue, le cœur fermé...

Heureusement, peut-on se dire que le lieu de la suprême prière du Christ n'est pas déterminé à cent mètres près ; à côté du petit enclos des Franciscains, sur la triste montagne pierreuse, il y a d'autres vergers d'oliviers aux souches antiques, — et là, il sera possible de revenir, par les tranquilles nuits froides, songer seul et appeler des ombres...

Mais des impressions du grand passé nous reprennent bientôt, quand, au jour baissant, nous nous retrouvons dans la partie intacte, désolée, de la vallée de Josaphat. « Ici, regardez, nous dit le Père blanc ; des aspects contemporains du Christ subsistent encore. » Et il nous désigne, dans le morne déploiement de ce paysage biblique, les choses changées et les choses qui ont dû persister, toujours pareilles. Parmi des pierres tombales, sur ce sol empli d'ossements humains, nous nous sommes arrêtés, faisant face à Jérusalem, qui, vue de ce côté, domine la vallée des morts comme une ville fantôme.

La forme générale des montagnes, naturellement, est demeurée immuable. Dans nos plus proches alentours, sur ce versant oriental par lequel nous descendons, gît la multitude infinie des tombes d'Israël. Là-bas, derrière nous, Siloë, amas de ruines et de cavernes sépulcrales, aujourd'hui repaire de Bédouins sauvages, regarde aussi dans la sombre vallée où nous sommes. Sur notre gauche, l'antique Ophel, à l'abandon, n'est plus qu'une colline couverte d'oliviers et de vestiges de murailles. Et devant nous, tout en haut, couronnant le versant opposé au nôtre, les grands murs crénelés de Jérusalem se dressent, d'un gris sombre, droits et uniformes dans toute leur longueur; en leur milieu seulement, dans un bastion carré qui s'avance, une porte d'autrefois se dessine encore, murée sinistrement. C'est le côté du Haram-ech-Chérif, de l'Enceinte Sacrée, et cette partie des remparts n'enferme que l'esplanade déserte de la mosquée bleue; aussi ne voit-on rien apparaître au-dessus de ces interminables rangées de créneaux — comme s'il n'y avait, par derrière, que du vide et de la mort. Rien non plus à l'extérieur; ces abords du sud-ouest de Jérusalem sont comme ceux d'une nécropole oubliée; ni passants, ni voitures, ni caravanes, ni routes; à peine quelques sentiers solitaires parmi les tombes, quelques montées de chèvres, serpentant sur les parois abruptes des ravins.

Les abords du Gethsémani que nous venons de quitter, et qui étaient si animés tout à l'heure sur le passage de l'archimandrite, se sont vidés à l'approche du soir. Dans la vallée de Josaphat, il n'y a plus que nous — et, au loin, quelques pâtres bédouins qui rassemblent leurs troupeaux en jouant de la musette.

Nous cheminons dans les derniers replis d'en bas, vers Ophel, suivant le cours desséché du Cédron ; ici, il n'est plus qu'un mince ruisseau, le torrent dont parle l'Evangile, et son lit d'ailleurs a été en partie comblé par tout ce qui y est tombé de là-haut, à des siècles d'intervalle : décombres, ruines de murailles, éboulements de ce temple tant de fois saccagé et détruit. Le soleil s'en va, s'en va, nous laissant plonger de plus en plus dans l'ombre froide, tandis qu'une lueur rouge d'incendie éclaire encore la hauteur mélancolique de Siloë et le faîte du mont des Oliviers.

Nous sommes arrivés tout auprès de ces trois grands mausolées qui se suivent et qu'on appelle les tombeaux d'Absalon, de Josaphat et de saint Jacques. Je ne sais ce qu'il y a dans leur forme, dans leur couleur, dans tout leur aspect, de si étrangement triste ; le soir, cela s'accentue encore : c'est d'eux sans doute qu'émane, bien plus que des myriades de petites tombes pareilles semées dans l'herbe, l'immense tristesse de cette vallée du Jugement dernier. Tous trois sont monolithes, taillés à même et sur place dans les rochers. Il n'y a plus rien là dedans ; depuis des siècles, ils ont été vidés de leurs cadavres et de leurs richesses ; par leurs ouvertures, entre leurs colonnes doriques, ce que l'on aperçoit à l'intérieur, c'est le noir de dessous terre, l'obscurité sépulcrale ; cela leur donne la même *expression* que celle de ces têtes de mort qui ont en guise d'yeux des trous noirs, et ils ont l'air de *regarder* devant eux, éternellement, dans la sombre vallée. Non seulement ils sont tristes, mais ils font peur...

Maintenant, nous allons traverser le lit du Cédron, par une sorte de petite chaussée, de petit pont d'une haute antiquité, qui n'a pas été détruit ; puis, sur l'autre versant, nous monterons par des sentiers jusqu'à la grande muraille d'en haut, pour rentrer dans Jérusalem.

— « La veille de la Passion, nous dit le Père blanc, lorsque le Christ, sortant de la ville, monta Gethsémani, il est au probable qu'il passa ici même, car vraisemblablement c'était autrefois le seul point où le torrent pouvait être franchi... »

Alors, nous nous arrêtons de nouveau, pour contempler mieux nos silencieux alentours. Les lueurs rouges sur Siloë viennent de s'éteindre; on en voit traîner encore de derniers reflets, plus haut, sur les cimes. L'appel grêle des musettes de bergers s'est perdu dans le lointain ; le vent s'est levé et il fait froid.

Par une soirée de cette même saison, sur la fin d'un jour de printemps comme celui-ci, Jésus, à cet endroit même, a dû passer ! A la faveur de l'identité des lieux, de la saison et de l'heure, une évocation soudaine se fait dans nos esprits de cette montée du Christ au Gethsémani... La muraille du Temple — devenue celle du Haram-ech-Chérif — s'étendait là-haut, en ce temps-là comme aujourd'hui, découpée peut-être sur des nuages pareils; ses assises inférieures, du reste, composées de grandes pierres salomoniennes, étaient celles que nous voyons encore, et son angle sud, qui domine si superbement l'abîme, se dressait dans le ciel à la même place ; tout cela seulement était plus grandiose, car ces murs du Temple, enfouis à présent de vingt-cinq mètres dans de prodigieux décombres, avaient jadis cent vingt pieds de haut, au lieu de cinquante, et devaient jeter dans la vallée une oppression gigantesque. Siloë sans doute était moins en ruine, et Ophel existait encore; l'inouïe désolation annoncée par les prophètes n'avait pas commencé de planer sur Jérusalem. Mais il y avait la même lumière et les mêmes lignes d'ombre. Le vent des soirs de printemps amenait le même frisson et charriait les mêmes senteurs. Les plantes sauvages — petites choses si frêles et pourtant éternelles, qui finissent toujours par reparaître obstinément aux mêmes lieux, par-dessus les décombres des palais et des villes — étaient, comme maintenant, des cyclamens, des fenouils, des graminées fines, des asphodèles. Et le Christ, en s'en allant pour la dernière fois, put promener ses yeux, distraits des choses de la terre, sur ces milliers de petites anémones rouges, dont l'herbe des tombes est ici partout semée, comme de gouttes de sang.

. . . .

*_**

Contournant l'angle sud des murailles, nous rentrons dans Jérusalem par l'antique porte des Moghrabis. Personne non plus, à l'intérieur des remparts; on croirait pénétrer dans une ville morte. Devant nous, ces ravins de cactus et de pierres qui séparent le mont Moriah des quartiers habités du mont Sion, — terrains vagues, où nous cheminons en longeant l'enceinte de cet autre désert, le Haram-ech-Chérif, qui jadis était le Temple.

C'est vendredi soir, le moment traditionnel où, chaque semaine, les Juifs vont pleurer, en un lieu spécial concédé par les Turcs, sur les ruines de ce temple de Salomon, qui « ne sera jamais rebâti ». Et nous voulons passer, avant la nuit, par cette place des Lamentations. Après les terrains vides, nous atteignons maintenant d'étroites ruelles, jonchées d'immondices, et enfin une sorte d'enclos, rempli du remuement d'une foule étrange qui gémit ensemble à voix basse et cadencée. Déjà commence le vague crépuscule. Le fond de cette place, entourée de sombres murs, est fermé, écrasé par une formidable construction salomonienne, un fragment de l'enceinte du Temple, tout en blocs monstrueux et pareils. Et des hommes en longues robes de velours, agités d'une sorte de dandinement général comme les ours des cages, nous apparaissent là vus de dos, faisant face à ce débris gigantesque, heurtant du front ces pierres et murmurant une sorte de mélopée tremblotante.

L'un d'eux, qui doit être quelque chantre ou rabbin, semble mener confusément ce chœur lamentable.

Mais on le suit peu ; chacun, tenant en main sa bible hébraïque, exhale à sa guise ses propres plaintes.

Les robes sont magnifiques : des velours noirs, des velours bleus, des velours violets ou cramoisis, doublés de pelleteries précieuses. Les calottes sont toutes en velours noir, — bordées de fourrures à longs poils qui mettent dans l'ombre les nez en lame de couteau et les mauvais regards. Les visages, qui se détournent à demi pour nous examiner, sont presque tous d'une laideur spéciale, d'une laideur à donner le frisson : si minces, si effilés, si chafouins, avec de si petits yeux sournois et larmoyants, sous des retombées de paupières mortes !... Des teints blancs et roses de cire malsaine, et, sur toutes les oreilles, des tire-bouchons de cheveux, qui pendent comme les « anglaises » de 1830, complétant d'inquiétantes ressemblances de vieilles dames barbues.

Il y a des vieillards surtout, des vieillards à l'expression basse, rusée, ignoble. Mais il y a aussi quelques tout jeunes, quelques tout petits Juifs, frais comme des bonbons de sucre peint, qui portent déjà deux papillotes comme les grands, et qui se dandinent et pleurent de même, une bible à la main. Ce soir, du reste, ils sont presque tous des « Safardim », c'est-à-dire des Juifs revenus de

Pologne, étiolés et blanchis par des siècles de brocantages et d'usure, sous les ciels du Nord ; très différents des « Ackenazim », qui sont leurs frères revenus d'Espagne ou du Maroc et chez lesquels on retrouve des teints bruns, d'admirables figures de prophètes.

En pénétrant dans ce cœur de la juiverie, mon impression est surtout de saisissement, de malaise et presque d'effroi. Nulle part je n'avais vu pareille exagération du type de nos vieux marchands d'habits, de guenilles et de peaux de lapin ; nulle part, des nez si pointus, si longs et si pâles. C'est chaque fois une petite commotion de surprise et de dégoût, quand un de ces vieux dos, voûtés sous le velours et la fourrure, se retourne à demi, et qu'une nouvelle paire d'yeux me regarde furtivement de côté, entre des papillotes pendantes et par-dessous des verres de lunette. Vraiment, cela laisse un indélébile stigmate, d'avoir crucifié Jésus ; peut-être faut-il venir ici pour bien s'en convaincre, mais c'est indiscutable, il y a un signe particulier inscrit sur ces fronts, il y a un sceau d'opprobre dont toute cette race est marquée...

Contre la muraille du temple, contre le dernier débris de leur splendeur passée, ce sont les lamentations de Jérémie qu'ils redisent tous, avec des voix qui chevrotent en cadence, au dandinement rapide des corps :

— A cause du temple qui est détruit, s'écrie le rabbin,

— Nous sommes assis solitaires et nous pleurons! répond la foule.

— A cause de nos murs qui sont abattus,

— Nous sommes assis solitaires et nous pleurons!

— A cause de notre majesté qui est passée, à cause de nos grands hommes qui ont péri,

— Nous sommes assis solitaires et nous pleurons!

Et il y en a deux ou trois, de ces vieux, qui versent de vraies larmes, qui ont posé leur bible dans les trous des pierres, pour avoir les mains libres et les agiter au-dessus de leur tête en geste de malédiction.

Si les crânes branlants et les barbes blanches sont en majorité au pied du Mur des Pleurs, c'est que, de tous les coins du monde où Israël est dispersé, ses fils reviennent ici quand ils sentent leur fin proche, afin d'être enterrés dans la sainte vallée de Josaphat. Et Jérusalem s'encombre de plus en plus de vieillards accourus pour y mourir.

※

En soi, cela est unique, touchant et sublime : après tant de malheurs inouïs, après tant de siècles d'exil et de dispersion, l'attachement inébranlable de ce peuple à une patrie perdue! Pour un peu on pleurerait avec eux, — si ce n'étaient *des Juifs,* et si on ne se sentait le cœur étrangement glacé par toutes leurs abjectes figures.

Mais, devant ce Mur des Pleurs, le mystère des prophéties apparaît plus inexpliqué et plus saisissant. L'esprit se recueille, confondu de ces destinées d'Israël, sans précédent, sans analogue dans l'histoire des hommes, impossibles à prévoir, et cependant prédites, aux temps mêmes de la splendeur de Sion, avec d'inquiétantes précisions de détails.

Ce soir est, paraît-il, un soir spécial pour mener deuil, car cette place est presque remplie. Et, à tout instant, il en arrive d'autres, toujours pareils, avec le même bonnet à poils, le même nez, les mêmes *anglaises* sur les tempes; aussi sordides et aussi laids, dans d'aussi belles robes. Ils passent, tête baissée sur leur bible ouverte, et, tout en faisant mine de lire leurs jérémiades, nous jettent, de côté et en dessous, un coup d'œil comme une piqûre d'aiguille; — puis vont grossir l'amas des vieux dos de velours qui se pressent le long de ces ruines du Temple : avec ce bourdonnement, dans le crépuscule, on dirait un essaim de ces mauvaises mouches, qui parfois s'assemblent, collées à la base des murailles.

— Ramène les enfants de Jérusalem !.. Hâte-toi, hâte-toi, libérateur de Sion !...

Et les vieilles mains caressent les pierres, et les vieux fronts cognent le mur, et, en cadence, se secouent les vieux cheveux, les vieilles papillotes...

Quand nous nous en allons, remontant vers la ville haute par d'affreuses petites ruelles déjà obscures, nous en croisons encore, des robes de velours et des longs nez, qui se dépêchent de descendre, rasant les murs pour aller pleurer en bas. Un peu en retard, ceux-là, car la nuit tombe ; — mais, vous savez, les affaires !... Et au-dessus des noires maisonnettes et des toits proches, apparaît au loin, éclairé des dernières lueurs du couchant, l'échafaudage des antiques petites coupoles dont le mont Sion est couvert.

En sortant de ce repaire de la juiverie, où l'on éprouvait malgré soi je ne sais quelles préoccupations puériles de vols, de mauvais œil et de maléfices, c'est un soulagement de revoir, au lieu des têtes basses, les belles attitudes arabes, au lieu des robes étriquées, les amples draperies nobles.

Puis, le canon tonne au quartier turc et c'est, ce soir, la salve annonciatrice de la lune nouvelle, de la fin du ramadan. Et Jérusalem, pour un temps, va redevenir plus sarrasine dans la fête religieuse du Baïram.

XIV

Samedi, 7 avril.

Un bruit de cloches d'église nous suit longtemps dans la campagne solitaire, tandis que nous nous éloignons à cheval, au frais matin, vers Jéricho, vers le Jourdain et la mer Morte. La ville sainte très promptement disparaît à nos yeux, cachée derrrière le mont des Oliviers. Il y a çà et là des champs d'orges vertes, mais surtout des régions de pierres et d'asphodèles. Pas d'arbres nulle part. Des anémones rouges et des iris violets, émaillant les grisailles d'un pays tourmenté, tout en rochers et en déserts. Par des séries de gorges, de vallées, de précipices, nous suivons une pente lentement descendante : Jérusalem est par huit cents mètres d'altitude et cette mer Morte où nous allons est à quatre cents mètres au-dessous du niveau des autres mers.

S'il n'y avait la route carrossable sur laquelle nos chevaux marchent si aisément, on dirait presque, par instants, l'Idumée ou l'Arabie.

Elle est, du reste, pleine de monde aujourd'hui, cette route de Jéricho : des Bédouins sur des chameaux ; des bergers arabes menant des centaines de chèvres noires ; des bandes de touristes Cook, cheminant à cheval ou dans des chaises à mules ; des pèlerins russes, qui s'en reviennent à pied du Jourdain rapportant pieusement dans des gourdes l'eau du fleuve sacré ; des pèlerins grecs de l'île de Chypre, en troupes nombreuses sur des ânes ; des caravanes disparates, des groupements bizarres, que nous dépassons ou qui nous croisent.

Midi bientôt. Les hautes montagnes du pays de Moab, qui sont au delà de la mer Morte et que, depuis Hébron, nous n'avons pas cessé de voir, au Levant, comme une diaphane muraille, semblent toujours aussi lointaines, bien que depuis trois heures nous marchions vers elles, — semblent fuir devant nous comme les visions des mirages. Mais elles se sont embrumées et assombries ; tout ce qui traînait de voiles légers au ciel, dans la matinée, s'est réuni et condensé sur leurs cimes, tandis que du bleu plus pur et plus magnifique s'étend au-dessus de nos têtes.

A mi-route de Jéricho, nous faisons la grande halte dans un caravansérail où il y a des Bédouins, des Syriens et les Grecs ; puis, nous remontons à cheval sous un ardent soleil.

De temps à autre, dans des gouffres béant au-dessous de nous, très loin en profondeur, le torrent du Cédron apparaît sous forme d'un filet d'écume d'argent ; son cours ici n'a pas été troublé comme sous les murs de Jérusalem et il s'en va rapidement vers la mer Morte, à demi caché au plus creux des abîmes.

Les plans de montagnes continuent de s'abaisser vers cette étrange et unique région, située au-dessous du niveau des mers et où sommeillent des eaux qui donnent la mort. Il semble qu'on ait conscience de ce qu'il y a d'anormal en ce dénivellement, par je ne sais quoi de singulier et d'un peu vertigineux que présentent ces perspectives descendantes.

De plus en plus tourmenté et grandiose, le pays maintenant nous rend presque des aspects du vrai désert. Mais il y manque l'impression des solitudes démesurées, qu'on n'éprouve pas ici. Et puis il y a toujours cette route tracée de mains d'hommes, et ces continuelles rencontres de cavaliers, de passants quelconques...

L'air est déjà plus sec et plus chaud qu'à Jérusalem, et la lumière devient plus magnifique, — comme chaque fois qu'on approche des lieux sans végétation.

Toujours plus dénudées, les montagnes, plus fendillées de sécheresse, avec des crevasses qui s'ouvrent partout comme de grands abîmes. La chaleur augmente à mesure que nous descendons vers ces rives de la mer Morte qui sont, en été, un des lieux les plus chauds du monde. Un morne soleil darde autour de nous, sur les rochers, les pierrailles, les calcaires pâles où courent des lézards par milliers; tandis que, en avant là-bas, servant de fond à toutes choses, la chaîne du Moab se tient toujours, comme une muraille dantesque. Et aujourd'hui des nuées d'orage la noircissent et la déforment, cachant les cimes, ou bien les prolongeant trop haut sur le ciel en d'autres cimes imaginaires, et donnant l'effroi des chaos.

Dans certaine vallée profonde, où nous cheminons un moment, enfermés sans vue entre des parois verticales, quelques centaines de chameaux sont à paître, accrochés comme de grandes chèvres fantatisques au flanc des montagnes, — les plus haut perchés de la bande se découpant en silhouette sur le ciel.

Puis, nous sortons de ce défilé et les montagnes du Moab reparaissent, encore plus élevées maintenant et plus obscurcies de nuages. Sur ces fonds si sombres se détachent en très clair les premiers plans de ce pays désolé; des sommets blanchâtres, et, tout auprès de nous, des blocs absolument blancs, dessinés avec une extrême dureté de contours par le brûlant soleil.

Vers trois heures, des régions élevées où nous sommes encore, nous découvrons en avant de nous la contrée plus basse que les mers et, comme si nos yeux avaient conservé la notion des habituels niveaux, elle nous semble, en effet, n'être pas une plaine comme les autres, mais quelque chose de trop descendu, de trop enfoncé, un grand affaissement de la terre, le fond d'un vaste gouffre où la route va tomber.

Cette contrée basse a des aspects de désert, elle aussi, des traînées grises, miroitantes, comme des champs de lave ou des affleurements de sel; en son milieu, une nappe invraisemblablement verte, qui est l'oasis de Jéricho, — et, vers le sud, une étendue immobile, d'un poli de miroir, d'une teinte triste d'ardoise, qui commence et qui se perd au loin sans qu'on puisse la voir finir : la mer Morte, enténébrée aujourd'hui par tous les nuages des lointains, par tout ce qui pèse là-bas de lourd et d'opaque sur la rive du Moab.

Les quelques maisonnettes blanches de Jéricho peu à peu se dessinent, dans le vert de l'oasis, à mesure que nous descendons de nos sommets pierreux, inondés de soleil. On dirait à peine un village. Il n'y a plus vestige, paraît-il, des trois cités grandes et célèbres qui jadis se succédèrent à cette place et qui, à des âges différents, s'appelèrent Jéricho. Ces destructions, ces anéantissements si absolus des villes de Chanaan et de l'Idumée sont presque pour confondre la raison humaine. Vraiment, il faut que, sur tout cela, ait passé un bien puissant souffle de malédiction et de mort...

Quand nous sommes tout en bas dans la plaine, une accablante chaleur nous surprend ; on dirait que nous avons parcouru un chemin énorme du côté du sud, — et, tout simplement, nous sommes descendus de quelques centaines de mètres vers les entrailles de la terre : c'est à leur niveau abaissé que ces environs de la mer Morte doivent leur climat d'exception.

*
* *

Le Jéricho d'aujourd'hui se compose d'une petite citadelle turque ; de trois ou quatre maisons nouvelles, bâties pour les pèlerins et les touristes ; d'une cinquantaine d'habitations arabes en terre battue, à toitures de branches épineuses, et de quelques tentes bédouines. Alentour, des jardins où croissent de rares palmiers ; un bois d'arbustes verts, parcouru par de clairs ruisseaux ; des sentiers envahis par les herbages, ou des cavaliers en burnous caracolent sur des chevaux à longs crins. Et c'est tout. Au delà du bois commence aussitôt l'inhabitable désert ; et la mer Morte se tient là, très proche, étendant son linceul mystérieux au-dessus des royaumes engloutis de Gomorrhe et de Sodome. Elle est d'un aspect bien spécial, cette mer, et, ce soir, bien funèbre ; elle donne vraiment l'impression de la mort, avec ses eaux alourdies, plombées, sans mouvement, entre les déserts de ses deux rives où de grandes montagnes confuses se mêlent aux orages en suspens dans le ciel.

XV

Dimanche, 8 avril.

De Jéricho, où nous avons passé la nuit, la mer Morte semble tout près ; en quelques minutes, croirait-on, il serait aisé d'atteindre sa nappe tranquille, — qui est ce matin d'un bleu à peine teinté d'ardoise, sous un ciel dégagé de toutes les nuées d'hier. Et, pour s'y rendre à cheval, il faut encore presque deux heures, sous un lourd soleil, à travers un petit désert qui, moins l'immensité, ressemble au grand où nous venons de passer tant de jours ; vers cette mer, qui semble fuir à mesure qu'on approche, on descend par des séries d'assises effritées, de plateaux désolés tout miroitants de sable et de sel. Nous retrouvons là quelques-unes des plantes odorantes de l'Arabie Pétrée, et même des semblants de mirage, l'inappréciation des distances, le continuel tremblement des lointains. Nous y retrouvons aussi une bande de Bédouins à peu près semblables à nos amis du désert, avec leurs chemises aux longues manches pointues flottant comme des ailes, avec leurs petits voiles bruns qu'attachent au front des cordelières noires et dont les deux bouts se dressent sur les tempes comme des oreilles de bête. Du reste, ces bords de la mer Morte, surtout du côté méridional, sont, presque autant que l'Idumée, hantés par les pillards.

On sait que les géologues font remonter aux premiers âges du monde l'existence de la mer Morte ; ils ne contestent pas cependant qu'à l'époque de la destruction des villes maudites, elle dut subitement déborder, après quelque éruption nouvelle, pour couvrir l'emplacement de la Pentapole moabitique. Et c'est alors que fut engloutie toute cette « Vallée des bois », où s'étaient assemblés, contre Chodorlahomor, les rois de Sodome, de Gomorrhe, d'Adama, de Séboïm et de Ségor (*Genèse*, XIV, 3) ; toute cette plaine de Siddim « qui paraissait un pays très agréable, arrosé de ruisseaux comme un jardin de délices » (*Genese*, XIII, 10). Depuis ces temps lointains, cette mer s'est quelque peu reculée, sans cependant changer sensiblement de forme. Et, sous le suaire de ses eaux lourdes, inaccessibles aux plongeurs par leur densité même, dorment d'étranges ruines, des débris qui, sans doute, ne seront jamais explorés; Sodome et Gomorrhe sont là, ensevelies dans ses profondeurs obscures...

De nos jours, la mer Morte, terminée au nord par les sables où nous cheminons, s'étend sur une longueur d'environ 80 kilomètres, entre deux rangées de montagnes parallèles : au levant, celles du Moab, éternellement suintantes de bitume, qui se maintiennent ce matin dans des violets sombres; à l'ouest, celles de Judée, d'une autre nature, tout en calcaires blanchâtres, en ce moment éblouissantes de soleil. Des deux côtés, la désolation est aussi absolue; le même silence plane sur les mêmes apparences de mort. Ce sont bien les aspects immobiles et un peu terrifiants du désert, — et on conçoit l'impression très vive produite sur les voyageurs qui ne connaissent pas la Grande Arabie; mais, pour nous, il n'y a plus ici qu'une image trop diminuée des fantasmagories mornes de là-bas. — On ne perd pas de vue tout à fait, d'ailleurs, la citadelle de Jéricho; du haut de nos chevaux, nous continuons de l'apercevoir derrière nous, comme un vague petit point blanc, encore protecteur. Dans l'extrême lointain des sables, sous le réseau tremblant des mirages, apparaît aussi une vieille forteresse, qui est un couvent de solitaires grecs. Et enfin, autre tache blanche, tout juste perceptible là-haut, dans un repli des montagnes judaïques, ce mausolée qui passe pour le tombeau de Moïse — et où va commencer, dans ces jours, un grand pèlerinage mahométan.

Cependant, sur la sinistre grève où nous arrivons, la mort s'indique, vraiment imposante et souveraine. Il y a d'abord, comme une ligne de défense qu'il faut franchir, une ceinture de bois flottés, de branches et d'arbres dépouillés de toute écorce, presque pétrifiés dans les bains chimiques, blanchis comme des ossements, — et on dirait des amas de grandes vertèbres. Puis, ce sont des cailloux roulés, comme au bord de toutes les mers; mais pas une coquille, pas une algue, pas seulement un peu de limon verdâtre, rien d'organique, même au degré le plus inférieur; et on n'a vu cela nulle part, une mer dont le lit est stérile comme un creuset d'alchimie; c'est quelque chose d'anormal et de déroutant. Des poissons morts gisent çà et là, durcis comme les bois, momifiés dans le naphte et les sels : poissons du Jourdain que le courant a entraînés ici et que les eaux maudites ont étouffés aussitôt.

Et devant nous, cette mer fuit, entre ses rives de montagnes désertes, jusqu'à l'horizon trouble, avec des airs de ne pas finir. Ses eaux blanchâtres, huileuses, portent des taches de bitume, étalées en larges cernes irisés. D'ailleurs, elles brûlent, si on les boit, comme une liqueur corrosive; si on y entre jusqu'aux genoux, on a peine à y marcher, tant elles sont pesantes; on ne peut y plonger ni même y nager dans la position ordinaire, mais on flotte à la surface comme une bouée de liège.

Jadis, l'empereur Titus y fit jeter, pour voir, des esclaves liés ensemble par des chaînes de fer, et ils ne se noyèrent point.

Du côté de l'est, dans le petit désert de ces sables où nous venons de marcher pendant deux heures, une ligne d'un beau vert d'émeraude serpente, un peu lointaine, très surprenante au milieu de ces désolations jaunâtres ou grises, et finit par aboutir à la plage funèbre : c'est le Jourdain, qui arrive entre ses deux rideaux d'arbres, dans sa verdure d'avril toute fraîche, se jeter à la mer Morte.

Encore une heure de route, à travers les sables et les sels, pour atteindre ce fleuve aux eaux saintes.

Les montagnes de la Judée et du Moab commencent à s'enténébrer, comme hier, sous des nuées d'apocalypse. Là-bas, tous les fonds sont noirs et le ciel est noir, au-dessus du morne étincellement de la terre. Et, en chemin, voici qu'un muletier syrien de Beyrouth — grand garçon naïf d'une quinzaine d'années que nous avons loué à Jérusalem, avec sa mule, pour porter notre bagage — se met à fondre en larmes, disant que nous l'avons emmené ici pour le perdre, nous suppliant de revenir en arrière. Il n'avait encore jamais vu les parages de la mer Morte, et il est impressionné par ces aspects inusités ou hostiles; il est pris d'une espèce d'épouvante physique du désert; alors, nous devons le rassurer et le consoler comme un petit enfant.

Quelques ruisseaux, bruissant sur le sable et les pierres, annoncent d'abord l'approche du fleuve. Puis, subitement, l'air s'emplit de moustiques et de moucherons noirs, qui s'abattent sur nous en tourbillons aveuglants. Et, enfin, nous atteignons la ligne de fraîche et magnifique verdure qui contraste d'une façon si singulière avec les régions d'alentour : des saules, des coudriers, des tamarisques, de grands roseaux emmêlés en jungle. Entre ces feuillages, qui le voilent sous leur épais rideau, le Jourdain roule lourdement vers la mer Morte ses eaux jaunes et limoneuses ; c'est lui qui, depuis des millénaires, alimente ce réservoir empoisonné, inutile et sans issue. Il n'est plus aujourd'hui qu'un pauvre fleuve quelconque du désert ; ses bords se sont dépeuplés de leurs villes et de leurs palais ; des tristesses et des silences infinis sont descendus sur lui comme sur toute cette Palestine à l'abandon. A cette époque de l'année, quand Pâques est proche, il reçoit encore de pieuses visites ; des hordes de pèlerins, accourus surtout des pays du Nord, y viennent, conduits par des prêtres, s'y baignent en robe blanche comme les chrétiens des premiers siècles et emportent religieusement, dans leurs patries éloignées, quelques gouttes de ses eaux, ou un coquillage, un caillou de son lit. Mais après, il redevient solitaire pour de longs mois, quand la saison des pèlerinages est finie, et ne voit plus de loin en loin passer que quelques troupeaux, quelques bergers arabes moitié bandits.

* *
*

Vers le milieu du jour, nous sommes rentrés à Jéricho, d'où nous ne repartirons que demain matin, et il nous reste les heures tranquilles du soir pour parcourir la silencieuse oasis.

Une sorte de grand bocage mélancolique où souffle un air extraordinairement chaud et où vivent, grâce à la dépression profonde du sol, des bêtes et des plantes tropicales. Halliers, fouillis d'arbres verts, d'arbustes plutôt et d'herbages, le faux-baumier ou baumier-de-Galaad, le pommier-de-Sodome et le spina-Christi aux épines très longues, qui, suivant la tradition, servit à composer la couronne de Jésus.

Aux temps antiques, c'était ici une contrée de richesse et de luxe, comme de nos jours la Provence ou le golfe de Gênes, et on y faisait des jardins merveilleux, renommés par toute la terre. Salomon y avait acclimaté les premiers baumiers rapportés de l'Inde. L'eau, amenée de tous côtés par des canaux, permettait d'entretenir de grands bois de palmes, des plantations de cannes à sucre et des vergers pleins de roses. Toute cette plaine était « couverte de maisons et de palais ».

Aujourd'hui, plus rien, et les traces même de cette

splendeur sont effacées ; des amas de pierres çà et là, d'informes ruines émiettées sous les broussailles, servent aux discussions des archéologues. On ne sait plus bien exactement où furent les trois villes célèbres qui, tour à tour, s'élevèrent ici ; ni la Jéricho primitive, dont les murs tombèrent au son des trompettes saintes et que Josué détruisit ; ni la Jéricho des prophètes où vécurent Élisée et Élie, qui fut offerte, comme un cadeau royal, par Antoine à Cléopâtre, puis vendue par Cléopâtre à Hérode et ornée par celui-ci de nouveaux palais, et enfin complètement détruite sous Vespasien ; ni la Jéricho des premiers siècles de notre ère, bâtie par l'empereur Adrien, devenue évêché dès le IVe siècle et encore célèbre au temps des croisades par ses ombrages de palmiers.

Fini et anéanti, tout cela ; non seulement les palais ont disparu avec les temples et les églises ; mais aussi les dattiers, les beaux arbres rares ont fait place aux broussailles sauvages qui recouvrent à présent l'oasis d'un triste réseau d'épines.

Par les vagues sentiers, parmi les buissons épineux et les ruisseaux d'eaux vives, nous errons longuement, aux heures lumineuses du soir. Très loin, un petit pâtre arabe nous mène voir des amoncellements de pierres qui forment comme un immense tumulus et où se distinguent encore, entre les herbes et les ronces, quelques blocs jadis sculptés. Laquelle des trois Jéricho est là, devant vous, pulvérisée? Probablement celle d'Hérode; mais on n'en sait rien au juste, et, d'ailleurs, peu nous importe la précision des détails dans l'ensemble de tout ce passé mort!

Le coucher splendide du soleil nous trouve presque égarés au milieu de cette espèce de bocage funéraire, qui est jeté à la façon d'un grand linceul sur le sol plein de poussière humaine. Et nous pressons le pas, nous déchirant un peu aux épines des baumiers-de-Galaad. Pendant notre promenade solitaire, nous n'avons rencontré qu'un troupeau de chèvres et deux ou trois Bédouins de mauvaise mine armés de bâtons. Mais, dans les branches, c'est une agitation joyeuse d'oiseaux de tout plumage qui s'assemblent pour la nuit, et on entend de divers côtés le rappel des tourterelles. Cette plaine en contre-bas des mers, dans laquelle nous marchons, est partout environnée de montagnes; il y a d'abord, à un millier de mètres de distance, montrant au-dessus des bois son sommet rougeâtre, ce mont de la Quarantaine, où, d'après la tradition, le Christ se retira pour méditer pendant quarante jours et qui est resté, depuis tantôt dix-neuf siècles, comme une sorte de Thébaïde aux cavernes toujours hantées par des moines solitaires, des ermites à longs cheveux. A l'Occident s'en va la chaîne lointaine des montagnes de la Judée, déjà dans l'ombre, tandis qu'au levant et au sud les cimes de la Sodomitide concentrent tous les derniers rayons du soir, éclatent dans une sinistre splendeur au-dessus de cette nappe assombrie qui est la mer Morte. — Tout cela cependant n'est encore rien, après les désolations et les éblouissements roses de la Grande Arabie, dont nous gardons le souvenir, l'image comme gravée au fond de nos yeux...

Au chaud crépuscule, quand nous sommes assis devant le porche de la petite auberge de Jéricho, nous voyons accourir, sur un cheval au galop affolé, un moine en robe noire, les longs cheveux au vent. C'est l'un des solitaires du mont de la Quarantaine, qui a tenu à arriver le premier pour nous offrir des petits objets en bois de Jéricho et des chapelets en coquillages du Jourdain. — A la nuit tombée, il en descend d'autres, qui ont la pareille robe noire, la même chevelure éparse autour d'un visage de bandit et qui entrent à l'hôtel pour nous proposer des petites sculptures et des chapelets semblables.

Elle est tiède, la nuit d'ici, un peu lourde, très différente des nuits encore froides de Jérusalem, et, à mesure que s'allument les étoiles, un concert de grenouilles commence partout à la fois, sous l'enchevêtrement noir des baumiers-de-Galaad, — si continu et d'ailleurs si discret que c'est comme une forme particulière du tranquille silence. On entend aussi des aboiements de chiens de bergers, là-bas, du côté des campements arabes; puis, de très loin, le tambour et la petite flûte bédouine, rythmant quelque fête sauvage; — et, par instants, bien distinct de tout, le fausset lugubre d'une hyène ou d'un chacal.

Maintenant, voici même un refrain inattendu des estaminets de Berlin qui éclate tout à coup, comme en dissonance ironique, au milieu de ces bruits légers et immuables des vieux soirs de Judée : des touristes allemands, qui sont là depuis le coucher du soleil, campés sous des tentes des agences; une bande de « Cooks », venus pour voir et profaner ce petit désert à leur portée.

*
* *

Passé minuit, quand tout enfin se tait, le silence appartient aux rossignols, qui emplissent l'oasis d'une exquise et grêle musique de cristal.

XVI

Lundi, 9 avril.

Nous quittons dès le matin Jéricho pour remonter vers Jérusalem. Dans les sentiers, coupés de clairs ruisseaux, sur les herbes, entre les baumiers verts, il y a une certaine animation de cavaliers arabes, qui galopent, au soleil levant, sur des chevaux harnachés de mille couleurs.

Au sortir des plaines profondes, quand nous entrons dans les calcaires blancs des montagnes de Judée, une cuisante chaleur nous accable, et nos chevaux marchent péniblement sur cette route, qui monte en lacets rapides. Nous nous élevons par degrés au-dessus de la région étrange, en contre-bas de tous les pays et de toutes les mers. La lumière est dure et éblouissante sur les blancheurs des rochers et du sol; il n'y a de noir que nos ombres; tout le reste est clair et fatigant à regarder. Derrière nous, le déploiement toujours plus immense des lointains, — la mer Morte, aux immobilités d'ardoise, et les montagnes bitumineuses de la Sodomitide, — tout cela semble, par contraste, un grand abîme obscur, tant sont blanches les choses rapprochées.

Très noires, nos ombres, qui se promènent sur les blanches pierres peuplées de lézards. Noirs aussi, les passants, que nous rencontrons maintenant de plus en plus nombreux, comme avant-hier, en défilé presque continu. Des Bédouins, chassant devant eux des petits ânes par centaines; des Bédouins et des Bédouins, armés de longs fusils, de coutelas et de poignards, la corde de laine autour du front et les coins du voile arrangés en oreilles de bête; groupes archaïques et charmants; groupes d'hommes sveltes et fauves qui, en nous croisant, nous montrent, dans un sourire de salut, des dents de porcelaine. Et des chameaux, attachés à la file, et des troupeaux de chèvres innombrables, menés par des petits bergers aux yeux de gazelle.

Parfois, au fond de crevasses, de trous comme des entrées de l'enfer, on entend le Cédron qui bruit, et on l'aperçoit, en mince filet d'argent, qui sautille dans son lit presque souterrain, au milieu de l'obscur chaos de pierres.

Les montagnes vont peu à peu verdir à mesure que nous approcherons de Jérusalem. Pour le moment, de blanchâtres qu'elles étaient tout en bas, elles sont devenues fauves et, sur leurs croupes arrondies, il y a comme un mouchetage étonnamment régulier de petites broussailles brunes ; on dirait qu'on les a recouvertes avec de géantes peaux de léopard.

Depuis tantôt deux heures, nous montons ; la nature des roches est changée ; l'air est plus froid et une légère teinte verte commence à s'étendre. Comme si elle s'était abîmée en profondeur, la mer Morte a disparu au-dessous de nous avec les régions maudites d'alentour.

Sur la route, continue le défilé des passants. Maintenant, c'est tout un pèlerinage de paysans cypriotes qui se rend au Jourdain, hommes, femmes et enfants, montés sur des mules ou des ânes. Puis, derrière eux, des barbes blondes ou rousses et des bonnets de fourrure : des Russes, des centaines de Russes, très âgés pour la plupart, et quand même cheminant à pied ; des moujiks à cheveux blancs et des vieilles femmes à lunettes, épuisées, branlantes. Protégés par leur pauvreté même contre les attaques bédouines, ils s'avancent sans peur, en trottinant avec des bâtons. Ils ont tous, en bandoulière, des gourdes ou des bouteilles vides, qu'ils rempliront pieusement au fleuve : grands-pères et grands'mères, qui vont rapporter, peut-être jusqu'à Arkhangel et aux rives de la mer Blanche, un peu des eaux saintes, de quoi baptiser leurs petits-enfants. En nous croisant, ils nous disent bonjour, ceux-là aussi; ils n'ont pas le joli geste des Bédouins ni leur joli sourire; mais leur salut, plus lourd, paraît plus franc et plus sûr.

Au-dessous des cimes grises, les creux des vallées sont redevenus tout verts; il y a partout des troupeaux qui paissent et des petits bergers en burnous qui jouent de la musette. Au même point que l'avant-veille, nous retrouvons les mêmes grandes bêtes percheuses, découpées en silhouettes sur le ciel, au-dessus de nos têtes : des chamelles, qu'on a mises aux champs avec leurs petits. Et enfin, les fleurs recommencent, émaillant partout les rochers de points rouges et de points roses.

* *

A mi-chemin, nous faisons halte au caravansérail, où il y a foule aujourd'hui.

Un caravansérail, c'est surtout une sorte de citadelle pour abriter les voyageurs et leurs montures contre les pillards des chemins. Du Levant au Moghreb, ils se ressemblent tous : une cour, un carré d'épaisses murailles garnies d'anneaux de fer pour attacher les bêtes; sur l'une des faces intérieures, un vaste hangar pour abriter les hommes, et, près de la porte d'entrée, la tanière des gardiens du lieu, avec de petits fourneaux primitifs pour faire du café aux passants.

Des bêtes sellées, de toute classe et de toute espèce, encombrent ce caravansérail de la route de Jéricho. Il en entre et il en sort à chaque instant, avec des ruades et des écarts : chevaux de touristes, à selle anglaise, ou chevaux ébouriffés, à grande selle arabe, les flancs et la poitrine surchargés de franges de toutes couleurs; longs dromadaires majestueusement bêtes; mules aux harnais bariolés de perles et de coqiulles; ânons modestes des plus pauvres pèlerins; pauvres ânons dépenaillés ayant sur le dos des vieilles toiles et des vieilles besaces. Et tout cela se mêle, s'entrave les pieds, s'affole et crie.

Sous le hangar qui regarde cette cour, une centaine de personnes s'empressent à déjeuner, — avec des provisions apportées, bien entendu, le caravansérail ne fournissant que l'eau fraîche, le café, le narguilé et la protection de ses murs. Les uns mangent sur des tables; les autres, qui n'en ont plus trouvé, s'arrangent par terre. Groupes presque élégants de touristes anglais ou américains. Groupes plus humbles de pèlerins grecs. Amas de pèlerins russes, têtes de vieux braves avec des médailles à la poitrine, faisant bouillir par terre, sur des feux de branches, des petites soupes au pain noir. Beaux guides syriens, tout brodés de soie, poseurs avec des cheveux à la Capoul échappés du turban, en coquetterie avec les dames touristes des agences. — Et des Turcs et des Serbes. Et des prêtres, qui déjeunent en tenant leurs ânons par la bride. Et des moines blancs et des moines bruns. Et des Bédouins mangeant avec leurs doigts comme au dessert, déchiquetant, à belles dents blanches, d'immondes débris de poulets.

A la table voisine de la nôtre, sont assises des jeunes femmes maronites; les unes en costume encore un peu national, long manteau de velours et d'hermine, cheveux pris dans un mouchoir pailleté ; les autres, hélas ! en chapeau à fleurs, habillées comme, il y a cinq ou six ans, les grisettes de France ; charmantes quand même à force d'être fraîches, d'avoir de grands yeux. — Et un échange amical de dattes et d'oranges s'établit entre notre tablée et la leur, tandis que nous faisons passer des tranches de pain blanc à de bons vieux moujiks accroupis à nos pieds.

Vraiment, pour rencontrer si étrange et si cordiale Babel, il faut venir, en temps de pèlerinage, sur les routes de Palestine...

Et, dans quelques jours d'ici, après les fêtes de Pâques, ce caravansérail va se retrouver, pour de longs mois, silencieux et vide, sous un soleil devenu dévorant.

Trois heures encore, après cette halte, pour monter à Jérusalem.

Et toujours nous rencontrons des pèlerins ; même des pèlerins musulmans, qui commencent à descendre vers la mer Morte pour les dévotions annuelles au tombeau de Moïse ; des groupes de Turcs et d'Arabes, des hommes à pied, des femmes, entièrement voilées de blanc, assises sur des petits ânes. De nonchalants dromadaires passent aussi, portant sur le dos des choses immenses et légères qui leur font à chacun comme les ailes éployées d'un papillon : sortes de paniers, que recouvrent des étoffes rouges tendues sur des cerceaux d'osier et dans lesquels voyagent commodément d'invisibles dames.

Sur la route, le village de Béthanie, où Jésus aimait venir, est au penchant d'une montagne, entouré de quelques oliviers, de quelques figuiers et de champs magnifiquement verts. Très misérable petit village, aujourd'hui tout arabe; maisonnettes en ruine, informes écroulements de pierres. Le vent froid des hauteurs y souffle en ce moment, agitant les branches, les herbes folles, le velours des orges nouvelles. Et des milliers de coquelicots, d'anémones, le long des petits chemins ou sur les vieux murs, jettent leurs vives taches rouges.

Nous mettons pied à terre au milieu d'enfants en haillons charmants, accourus pour tenir nos chevaux. Et c'est devant un vieux portique ogival, enduit de chaux blanche, sur lequel, pour célébrer quelque retour heureux de la Mecque, on a peinturluré, suivant l'usage, des arabesques naïves, bleues, jaunes et roses.

Çà et là, dans les décombres et sous les herbes, gisent des fragments de colonnes, débris des églises des premiers siècles ou du grand couvent des croisades. On nous montre, attenant à une humble mosquée, un faux tombeau de Lazare; ailleurs, de très contestables ruines de la maison de Marie et de Madeleine... Mais non, rien de tout cela n'est pour nous émouvoir; les souvenirs terrestres du Christ ne se retrouvent vraiment plus ici; il est trop tard, des mains humaines trop nombreuses ont bouleversé la Béthanie de l'Évangile, avant la venue de ses tranquilles habitants d'aujourd'hui.

Sitôt après Béthanie, nous découvrons la vallée de Josaphat, et Jérusalem aussi reparaît, intacte de ce côté-ci, superbe et désolée, profilant très haut sur le ciel sa muraille sarrasine, que dépassent ses coupoles grises.

XVII

Mardi, 10 avril.

Visité, pendant la matinée, le Trésor des Latins.

C'est, dans des sacristies dépendantes de la grande église franciscaine, un amas de richesses. Depuis le moyen âge, des rois, des empereurs, des peuples, n'ont cessé d'envoyer des présents magnifiques vers cette Jérusalem dont le prestige immense est aujourd'hui si près de mourir.

On nous montre de grands revêtements d'autel qui sont des plaques d'argent et d'or ; des flambeaux d'argent hauts de dix pieds ; des croix de diamant et des ciboires d'or émaillé ; une « exposition » pour le Saint-Sacrement, en or et pierreries, offerte jadis par un roi de Naples et pouvant valoir de quatre à cinq millions.

Dans des séries d'armoires, des costumes sans prix,

pour les prêtres, s'alignent, enveloppés de mousselines et étiquetés : « don de la république de Venise » ; « don de l'Autriche » ou « don de l'Italie ». Rigides et somptueuses choses, qui semblent brodées par des fées patientes, dans toute la magnificence et la pureté des différents styles anciens. Le dernier des dons de la France est une suite d'ornements, brodés d'abeilles d'or en haut relief sur drap d'or, qui ne servirent qu'une fois, le jour du mariage de Napoléon III, à Notre-Dame de Paris. Il y a une vénérable chasuble alourdie de cristal de roche et de pierres fines, qui paraît dater des croisades. Une autre, qui date de la Renaissance espagnole, — et qui est loin d'être la plus belle de cette collection prodigieuse — vient de rentrer ces jours-ci au Trésor : on l'avait envoyé réparer dans un couvent de nonnes, et la réparation, qui a coûté quinze mille francs, a duré cinq années.

Une fois l'an, à tour de rôle, chacun de ces jeux de costumes est porté par les prêtres, pendant les pompes asiatiques déployées au Saint-Sépulcre.

Et tant de pièces précieuses ont déjà disparu, nous disent les aimables gardiens de ces merveilles ; les unes, enfouies en terre, pendant les sièges, dans des cachettes qui n'ont plus été retrouvées ; les autres, enlevées pendant les pillages ; les autres encore, —

des évangiles, des étoles, — brûlées pendant la terreur des pestes, parce qu'elles avaient été touchées par des prêtres contaminés...

Alors, en les écoutant dire, devant ces amas de soieries et de dorures qu'ils déploient si complaisamment pour nous, notre pensée plonge, une fois de plus, au milieu des tourmentes superbes des vieux temps. D'ailleurs, dans cette ville entière, on sent se dégager de ce que l'on voit, de ce que l'on touche, et même sourdre mystérieusement du sol où l'on marche, l'âme d'un passé colossal, tout de magnificence et d'épouvante...

Ces prélats de Jérusalem, si accueillants, auxquels on dit sans sourire : « Votre Grandeur », « Votre Béatitude », ou même « Votre Paternité Révérendissime », semblent — du fait même qu'ils sont ici, dans ces vieilles églises et ces vieilles demeures poussiéreuses, observant des rites surannés — être redevenus des hommes du moyen âge. On ne peut leur en vouloir, à eux-mêmes, de suivre des errements séculaires; mais de quelle étrange façon les catholiques et les orthodoxes ont compris la grande leçon de simplicité que Jésus est venu donner au monde! Certes, ils sont intéressants, ces prélats; leurs cérémonies, leurs monuments et leurs trésors font revivre les époques de la foi aveugle et souveraine. Mais, tout ce passé des cultes magnifiques, chacun sait de reste qu'il a existé, et d'ailleurs il ne prouve rien ; sa reconstitution ne peut être qu'un vain amusement pour l'esprit. Derrière ce Christ conventionnel, que l'on montre ici à tous, derrière ce Christ trop auréolé d'or et de pierreries, trop rapetissé pour avoir passé pendant des siècles à travers tant de cerveaux humains, la vraie figure de Jésus s'efface maintenant à mes yeux plus que jamais ; il me semble qu'elle fuit davantage, qu'elle est plus inexistante. Durant les premières heures émues de l'arrivée, à Bethléem et au Saint-Sépulcre, sous le seul rayonnement de ces noms magiques, il s'était fait en moi comme un réveil de la foi des ancêtres... Ensuite, c'est dans la mélancolique campagne, ou dans les ruines exhumées des voies hérodiennes, qu'un reflet de Lui encore m'était apparu ; mais quelque chose de déjà plus terrestre, d'à peine divin et d'à peine consolant... Et maintenant, c'est fini... Aujourd'hui, en rentrant à Jérusalem, après ces trois jours d'absence, j'ai revu froidement le lieu du Grand Souvenir, — et ma visite au Trésor des Franciscains, sans que je puisse m'expliquer pourquoi, achève de me glacer le cœur.

***

Pendant notre courte absence, il est arrivé ici chaque jour des pèlerinages nouveaux. C'est l'époque de la grande animation de Jérusalem. De tous côtés, les foules accourent et les églises se parent, pour la fête de Pâques qui sera bientôt. Les rues étroites sont encombrées de gens de tous les pays du monde. Il passe des cortèges de pèlerins chantant des cantiques, des cortèges de petits enfants grecs, psalmodiant à voix nasillarde et haute ; des processions se croisent avec des défilés de mules aux harnais brodés de coquillages, dont les innombrables clochettes sonnent comme des carillons d'église ; et, conduits par des Bédouins sauvages, des chameaux entravent le tout, grandes bêtes inoffensives et lentes, accrochant les devantures des vendeurs de croix ou de chapelets avec leurs fardeaux trop larges. L'odeur des encens que l'on brûle est partout dans l'air. Et le son grave, le son étrange des trompettes turques perce la vague clameur d'adoration qui s'échappe des chapelles, des couvents et des rues, toujours plus grande aux approches de cette Pâques des Grecs, et qui sera, au Saint-Sépulcre, une fête semi-barbare et que j'aime mieux fuir... Plutôt, je m'en irai là-bas chercher le souvenir du Christ, dans les petites villes de Galilée, ou sur les bords déserts de ce lac de Tibériade où il a passé la majeure partie de sa vie. Jérusalem est trop idolâtre pour ceux dont l'enfance a été illuminée par les purs Évangiles ; les yeux peuvent s'intéresser à son formalisme pompeux, comme d'ailleurs au coloris des choses de l'Islam, mais c'est aux dépens des pensées profondes... Le Christ, le Christ de l'Évangile, en somme j'étais venu pour lui seul, comme les plus humbles pèlerins, amené par je ne sais quelle naïve, et confuse, et dernière espérance de retrouver ici quelque chose de lui, de le sentir un peu revivre au fond de mon âme, ne fût-ce que comme un frère inexplicablement consolateur... Et ma détresse aujourd'hui se fait plus morne et plus désespérée, de ce que, même ici, son ombre achève pour moi de s'évanouir...

Le Gethsémani ! Depuis tant d'années j'avais rêvé que j'y viendrais passer une nuit de solitude, de recueillement suprême, presque de prière... Et je n'ose plus, et je remets de soir en soir, redoutant trop de ne rencontrer là, comme ailleurs, que le vide et la mort...

XVIII

Mercredi, 11 avril.

Visité dans la journée différents lieux où se manifeste encore la Jérusalem antique : les ruines d'Ophel, la cité de David... Et retrouvé là toujours l'effroi de l'entassement des passés humains ; mais plus rien du Christ. D'ailleurs, je cesse presque de poursuivre son fuyant souvenir et je suis ici maintenant comme en une ville quelconque.

Le cœur lassé et l'esprit à peine attentif, au crépuscule tombant je traverse, pour rentrer, ces ruelles du vieux bazar couvert où les choses orientales font place aux croix et aux chapelets ; alors je me rappelle le Saint-Sépulcre, — autant dire l'âme de Jérusalem, — qui est là tout près, et je veux y entrer encore, pour voir les humbles prier et pleurer...

Il y a foule ce soir, devant les portes, sur la place

étroite, entre les hautes constructions démantelées, déchirées, aux airs de sombres ruines, qui sont l'extérieur de cet amas de chapelles. Et les pèlerins piétinent le marché de chapelets qui se tient là par terre, couvrant les vieux pavés d'un éternel étalage de verroteries.

C'est l'heure où les Russes et les Grecs sortent des basiliques à l'approche de la nuit, après avoir tout le jour prié, tout le jour embrassé les pierres saintes.

Le calme de chaque soir commence à se faire dans le dédale obscur du Saint-Sépulcre. Les vendeurs de petits cierges sont partis; alors, il faut regarder à ses pieds, aller à tâtons comme les aveugles, pour ne pas trébucher sur les dalles usées, pour ne pas tomber, dans les descentes, sur les marches informes.

Par places, un peu de lumière descendue des coupoles indique encore le délabrement de ces murailles qui, jusqu'à hauteur d'homme, sont écorchées, rongées, grasses de frottements de mains et de baisers.

Toujours les mendiants, les mendiants macabres se tiennent là, demi-nus sous des haillons, accroupis contre des colonnes, dans des poses de bêtes. Il y en a un qui se lève, — un vieillard sans yeux, —

et qui me tire par le bras, qui me poursuit de sa plainte, en me tâtant, pour se conduire, avec ses mains effroyables... Derrière un pilier, résonne une toux horriblement creuse ; une pauvre vieille cosaque — une pèlerine, celle-ci — est effondrée dans ce coin, malade, finie, son bâton et son rosaire à la main, buvant quelque soupe à une écuelle...

Et, au-dessus d'eux, vaguement brille, comme un givre d'argent et d'or qui tomberait des voûtes, la profusion des saintes lampes. Et partout, dans l'obscurité qui s'épaissit, étincellent les marbres, les icones avec leurs pierreries, les inutiles et somptueuses choses qui font de ce lieu un palais de rêve, ouvert aux plus misérables de cette terre...

Par groupes, marchant sans bruit, avec un excessif respect, les pèlerins, les pèlerines, remontent des parties lointaines et obscures des sanctuaires ; en se retournant plusieurs fois, avec des saluts, des signes de croix, ils s'en vont lentement comme à regret, — et, avant de se décider à franchir les portes, reviennent sur leurs pas, comme n'ayant point encore assez salué, assez remercié le ciel et le Sauveur ; se prosternent au hasard pour baiser quelque chose de plus dans ce saint lieu, une dalle, le marbre d'un autel ou la base d'un pilier...

Sous le nuage d'encens, qui se tient immobile à

mi-hauteur des colonnes superbes, couve une sinistre odeur humaine : odeur de misère, de pourriture, de cadavre, dont ces voûtes sont constamment remplies et qui, à l'époque des grands pèlerinages, devient lourde comme celle des champs de bataille au lendemain des déroutes. Elle est pour nous redire notre néant, cette odeur souillant cette magnificence, pour nous rappeler les immondices dont notre chair est pétrie; elle est évocatrice des plus sombres pensées de mort...

Ce soir, d'ailleurs, aucune lueur un peu douce ne descend dans le noir de ma détresse infinie; je ne sais plus voir ici que l'entassement séculaire des traditions byzantines et puis romaines; rien ne s'éveille en moi qu'une immense pitié pour ces simples et ces confiants, pour ces vieux, pour ces vieilles presque sans lendemain qui, tout le jour, sont venus prier, pleurer, espérer — et qui déjà traînent avec eux la fétidité des cimetières...

. . . .

*_**

Avant-hier, ont pris fin les fêtes musulmanes du Baïram et le mince croissant du nouveau mois lunaire commence presque à éclairer les nuits.

Sitôt l'obscurité venue sur Jérusalem, pèlerins et touristes restent enfermés dans les couvents ou les hôtels, et la ville alors se retrouve plus elle-même, aux lueurs de ses antiques petites lanternes.

Il y a, en dehors des murs, une sorte de chemin de ronde que, chaque soir, je suis dans l'obscurité, jusqu'à la vallée de Josaphat où il descend se perdre; il contourne le mont Sion, en longeant, à travers une absolue et funèbre solitude, les hauts remparts crénelés, depuis la porte de Jaffa jusqu'à celle des Moghrabis; puis, en un point où les murailles se brisent à angle vif pour remonter vers le nord, il semble se dérober, tomber, plonger dans le noir — et on a devant soi le gouffre d'ombre où tant de milliers de morts attendent... attendent que l'heure de joie et d'épouvante sonne au bruit éclatant de la DERNIÈRE TROMPETTE...

Là, je m'arrête et je rebrousse chemin, remettant de continuer ma route aux très prochains soirs où le croissant aura pris plus de force et où l'on y verra assez dans la sombre vallée pour y descendre.

Si, en plein jour, toute cette partie de Jérusalem est déjà lugubre, elle devient presque un lieu de religieux effroi la nuit, quand on s'y promène seul, et on y sent planer toute l'horreur de ce grand nom légendaire : la vallée de Josaphat !...

Ils attendent, les morts, par légions, sous leurs innombrables pierres, — et les siècles passent, et les millénaires passent, — et elle tarde à sonner, la trompette du Jugement, et on n'entend point dans les airs voler les terribles archanges du réveil. Mais les corps pourrissent, les os ensuite tombent en poussière, et à leur tour s'émiettent les granits des tombes ; dans un même néant peu à peu tout se fond, avec une inexorable tranquillité lente. Et la vallée se fait toujours plus oubliée, toujours plus silencieuse...

XIX

Jeudi, 12 avril.

La diane des clairons turcs dans le voisinage me tire d'un inquiet sommeil matinal. Et un rêve que je faisais s'envole. Il avait commencé par un sentiment de suprême, mais imprécise détresse ; quelque chose qui n'était peut-être que la perception plus nette de la fuite irrémédiable de mes jours, des séparations affreuses et prochaines, de la fin de tout. Et puis, peu à peu, mon humaine angoisse s'était fondue en une prière ; le Christ était retrouvé, le Christ de l'Évangile, et je m'abîmais, de toute mon âme misérable, en Lui, comme ces pèlerins qui, sur les dalles du Saint-Sépulcre, s'affaissent de tout leur corps épuisé ; — et les terrestres fins ne m'atteignaient plus ; — et il n'y avait plus de néant, plus de poussière, ni plus de mort ; — j'étais arrivé au port ineffable et unique, au refuge des refuges, dans la certitude absolue des éternels revoirs, dans la vie et dans la lumière...

Les clairons turcs sonnaient dehors le réveil étrange. Ma prière s'enfuit dans l'irréel, dans l'impossible, me laissant plus claire et plus inexorable cette lucidité qui est spéciale aux recommencements de la vie de chaque jour.

Et je me rappelai qu'on m'attendait aujourd'hui de bonne heure au Saint-Sépulcre, pour me montrer, grâce à la bienveillance du patriarche, le Trésor des Grecs, très difficilement ouvert.

Depuis notre arrivée, c'était le premier matin vraiment ensoleillé et chaud. Jérusalem étalait la mélancolie de ses ruines au gai printemps moqueur. Sur la petite place hautement murée du Saint-Sépulcre, parmi le marché aux perpétuels chapelets, on avait apporté déjà quelques premières gerbes de belles palmes vertes, pour cette fête des Rameaux qui s'approche.

En un point de l'église sombre, par d'étroits petits escaliers, le *Custode* des richesses merveilleuses nous fait monter au-dessus même du calvaire, dans les combles de la chapelle haute, toute d'argent et d'or, que les Grecs ont établie en ce lieu. Et il nous arrête là, dans une sorte d'antique couloir, bas de plafond et demi-obscur, la règle absolue interdisant l'entrée du Trésor ; devant nous est dressée une table recouverte d'un tapis blanc et on commence à nous apporter une à une les pièces d'ancienne orfèvrerie, — tandis que, sous nos pieds, aux étages d'en dessous, les cierges brûlent, l'encens fume et les éternelles prières chantent. A chaque tour, il en a son faix, d'or et de pierreries, le prêtre aux longs cheveux de femme qui est préposé au va-et-vient entre nous et le Trésor : dons sans prix, faits, dans l'élan des reconnaissances mystiques ou dans le remords des crimes, par des rois et des reines du temps passé ; grands évangiles dont les couvertures sont d'épaisses plaques d'or alourdies de diamants et de rubis ; étuis de plomb ou de fer, imitant des têtes de scaphandres, qui contiennent des tiares d'or surchargées d'émaux et de pierres précieuses. Il y a aussi des icones, des plateaux, des buires et des ciboires. Il y a une quantité de croix — pour bénir les foules, avec de lents gestes d'évêques, aux jours de pompes superbes ; chacune d'elle renferme, au milieu d'un amas de pierres enchâssées, un petit morceau du bois où fut cloué Jésus ;

la plus singulière de toutes, qui semble en cristal vert, est composée d'énormes émeraudes qu'un sertissage très fin réunit en les laissant transparentes. Certain reliquaire gothique — bien mutilé et dont l'inquiétante provenance ne doit pas être recherchée — est taillé en forme de cœur dans un seul bloc de cristal de roche, avec entourage d'émeraudes ; quand on le prend dans la main, on croirait tenir un glaçon très lourd.

Jadis, avec mes idées calvinistes, j'englobais dans une même réprobation la magnificence des autels et celle des prêtres. Aujourd'hui, si le faste des vêtement sacerdotaux me paraît toujours antichrétien, j'en arrive à admettre cet emploi des pierreries — petites choses qui sont ce que notre monde contient de plus précieux et de plus dangereusement convoité ; je comprends mieux ce besoin de les sacrifier comme des riens perdus et d'en faire des écrins d'une valeur folle, pour des évangiles, pour des fragments, vrais ou supposés tels, de la croix du Christ.

Dans l'après-midi de ce même jour, un vent de Kamsin se lève, et le ciel, troublé de sable et de poussière, se fait sinistrement jaune ; — ce sont les déserts encore proches, qui se rappellent à nous ; — on voit, comme au travers d'une brume sèche qui estompe tout, les grisailles dorées de la ville aux innombrables petites coupoles, et les grisailles plus blanches des montagnes bibliques d'alentour. Les distances et les proportions des choses semblent doublées. Du vague s'épand sur la terre, tandis que le soleil, qui ne rayonne plus, dessine tout rond dans le ciel un disque d'astre mort.

Sous cette même demi-lueur jaune d'éclipse, revenant le soir du mont des Oliviers, je longe, par la route toujours solitaire, les remparts de Jérusalem, les grands remparts moroses ; sur leurs parois rudes et frustes, de loin en loin, le sceau, la signature arabe se lit sous la forme d'une petite rosace géométrique d'un dessin exquis, en relief encore délicat parmi les vieilles pierres usées ; c'est comme pour dire aux passants que ceux qui ont élevé ces farouches défenses sont les mêmes qui savent ajourer des dentelles merveilleuses aux murs des mosquées et des palais.

Dans mon chemin isolé, je ne croise qu'un groupe de vieux Turcs, en longues robes, barbes blanches et turbans verts, qui se racontent des choses sombres et anciennes, en égrenant des chapelets d'ambre. Et c'est comme un tableau des temps musulmans antérieurs, sous ce voile coutumier fait de poussière et de sable...

Cependant, de la ville, tout à coup le carillon des cloches chrétiennes s'envole, surprenant ici, aujourd'hui, et comme dépaysé en plein Islam.

XX

Vendredi, 13 avril.

Dans trois jours, je dois quitter Jérusalem, me rendre en Galilée, où m'attirent surtout les bords déserts du lac de Génésareth.

Aujourd'hui, des visites de remerciement et d'adieu au Patriarche des Grecs, aux Pères dominicains, aux Dames de Sion, à tant d'aimables et charmants mystiques, absorbés par la ville sainte, qui vivent ici dans leurs contemplations, ou s'occupent à exhumer du sol gardien la Jérusalem du Christ et à élever des églises, à couvrir de blancs sanctuaires, toujours plus nombreux, ce lieu d'adoration.

Dans trois jours, je vais partir, et mon anxieux pèlerinage, depuis si longtemps souhaité, remis d'année en année par une instinctive crainte, sera fini, tombé comme une goutte d'eau inutile dans l'immense gouffre des choses passées qui s'oublient. Et je n'aurai rien trouvé de ce que j'avais presque espéré, pour mes frères et pour moi-même, rien de ce que j'avais presque attendu avec une illogique confiance d'enfant... Rien !... Des traditions vaines, que la moindre étude vient démentir : dans les cultes, un faste séculaire, auquel les yeux seuls s'intéressent, comme au coloris des choses orientales ; et des idolâtries — touchantes peut-être jusqu'aux larmes — mais puériles et inadmissibles !... Oh ! qui sondera mon angoisse infinie, aux heures du recueillement des soirs, aux heures de l'implacable clairvoyance des matins !... Quelque chose des espérances ancestrales subsistait donc encore au fond de moi-même, puisque, devant cette inanité de mes dernières prières, j'éprouve ici, sous une forme nouvelle et plus décisive, le sentiment de la mort... Et il n'est donc remplaçable par quoi que ce soit au monde, le Christ, quand une fois on a vécu par Lui, — puisque jamais, même aux époques les plus enténébrées de ma jeunesse finie, jamais dans les suprêmes lassitudes, jamais dans l'horreur des séparations ou des ensevelissements, je n'avais connu comme aujourd'hui cet effroi devant le vide indiscuté, absolu, éternel...

***

A la tombée du jour, je redescends vers le Cédron pour refaire encore une fois — le cœur bien fermé cependant — le trajet du Christ, de la ville au Gethsémani.

C'est l'heure où des mélancolies, presque des terreurs, sans forme et sans nom, vont s'épandre sur cette vallée du jugement dernier. A un tournant du chemin, elle se découvre, silencieuse et profonde. J'y arrive par le côté de l'Islam, qui est déjà dans une ombre presque crépusculaire, quand, en face, les myriades de tombes juives, les ruines de Siloë et d'Ophel, avec leurs cavernes et leurs sépulcres, resplendissent encore dans une rouge fantasmagorie ; chaque soir, depuis toujours, il en va de même — et c'est l'inverse des matins, où le rose des aurores commence par envahir le côté musulman, tandis que le côté d'Israël tarde à s'éclairer ; entre les deux zones de cimetières qui se regardent, c'est sans trêve le même jeu, les mêmes alternances de lumière renouvelées indéfiniment.

Ce soir, elle est vide, à son ordinaire, la vallée de Josaphat; à peine, dans toute son étendue, apercevrait-on, çà et là accroché au flanc des collines, quelque berger bédouin gardant des chèvres. Elle est vide et sombrement recueillie. A travers son silence, des appels d'oiseaux, — et puis, en différents points des lointains, le petit martelage sec et sonore des sculpteurs de tombes, éternellement occupés ici à la vaine besogne de graver des noms sur des pierres ; les cimetières de cette vallée ne chôment jamais et la terre y travaille jour et nuit à absorber des cadavres. D'abord je m'étais arrêté pour la regarder d'en haut, de l'angle surplombant des murailles du temple. Maintenant, j'y descends, plongeant dans les tristesses d'en bas, par les petits sentiers envahis d'herbes et piqués d'anémones rouges ; la grande ombre des remparts de Jérusalem y descend avec moi, semble m'y suivre, très vite allongée, à mesure que le soleil s'en va. Au milieu des tombes, c'est, de jour en jour, un plus grand luxe de fleurs — un luxe du reste qui sera très éphémère, en ce pays tout de suite desséché, tout de suite brûlé dès le printemps.

J'ai devant moi maintenant les trois mausolées si étrangement funèbres, les tombeaux de saint Jacques, d'Absalon et de Josaphat, les trois grands monolithes de granit rougeâtre qui président à l'assemblée des pierres tombales. Et, à deux pas, il y a l'antique chaussée par où l'on franchit le lit du Cédron pour monter au Gethsémani... Mais à quoi bon continuer de ce côté? à quoi bon retourner là-haut, à la vague poursuite du fantôme qui m'a fui? Le Gethsémani est un lieu quelconque, froid et vide; rien ne flotte au-dessus de ses pierres, rien n'y passe qu'un souffle de printemps propice aux asphodèles et aux anémones... Alors, je m'arrête encore, cette fois pour rebrousser chemin, — et tout à coup c'est en moi l'éveil d'un sentiment nouveau, qui est presque de la rancune contre ce Christ, que je cherchais et qui s'est dérobé : enfantillage de barbare, legs des vieux temps naïfs; me voici comme ces simples qui promettent des dons terrestres à leurs Dieux, ou bien leur vouent des petites haines. Et, de découvrir ce sentiment-là, au fond du triste moi composite qu'ont produit les générations et les siècles, je souris moi-même d'une très ironique pitié.

Revenu sur mes pas, je remonte dans la partie musulmane de la vallée, par ces escarpements des collines de l'ouest que couronne la longue muraille de Jérusalem, dentelée de créneaux sur le ciel jaune. Et je marche là, au hasard, parmi les petites pyramides mystérieusement sculptées, parmi les petits kiosques funéraires, aux fines ogives, qui vieillissent et s'écroulent. C'est la partie exquise de la vallée de Josaphat, toute cette zone des cimetières arabes, en pente rapide depuis le pied des grands remparts du Haram-ech-Chérif jusqu'aux profondeurs où le Cédron se cache.

La lumière s'en va. Et les pâtres bédouins rentrent vers Siloë, avec de mélancoliques ritournelles de musette... Sur la fin de mon errante promenade, je me souviens que c'est aujourd'hui vendredi ; alors une curiosité de désœuvré me ramène, à travers les solitudes de la ville basse, jusqu'à ce mur des pleurs où j'étais vendredi dernier.

Dans les ruelles qui y conduisent, encombrées de chiens morts, de chats morts, d'immondices de toute sorte, je rencontre une foule qui s'y rend aussi, par intérêt moqueur, tout un pèlerinage napolitain escorté de moines, hommes et femmes ayant sur la poitrine la croix rouge, comme ces hordes bruyantes qui, dans notre Midi français, se rendent à Lourdes.

Au pied du mur du Temple, j'arrive avec ce flot profane. Vieilles robes de velours, vieilles papillotes grises, vieilles mains levées pour maudire, ils sont là fidèlement, les anciens d'Israël, qui bientôt s'en iront féconder les herbes de la vallée de Josaphat ;

moins nombreux que la dernière fois, cependant, et moins tranquilles aussi pour chanter les lamentations de leur prophète. Avant nous, qui entrons comme une invasion, déjà une bande d'enfants arabes était là pour les tourmenter : des petits déguisés en bêtes, en chiens, sous des sacs de toile bise, et venant à quatre pattes, avec des rires fous, leur aboyer dans les jambes. Ce soir, ils me font une pitié profonde quand même, les vieux dos voûtés, les longs nez pâles et les mauvais yeux...

Là-bas, dans les quartiers que j'habite, dans la rue des Chrétiens et dans l'odieux faubourg de Jaffa où fument des usines, sur la route de la gare et dans les corridors de l'hôtel, je trouve, à la nuit tombante, un encombrement de gens nouveaux de tous les coins de l'Europe, vomis par le petit chemin de fer de la côte ; pour la plupart déplaisants et vulgaires, touristes sans respect ou pèlerins des classes moyennes, dont la dévotion de routine est pour me glacer davantage encore. — Tout ce côté de Jérusalem a pris une banalité de banlieue parisienne.

XXI

Samedi, 14 avril.

Éveillé au son coutumier des trompettes turques, je reprends conscience de la vie au milieu du tapage d'un hôtel quelconque, portes qui battent, discussions rauques en allemand ou en anglais, malles que l'on traîne lourdement dans des corridors encombrés. Et c'est ici la ville sainte! Et après-demain je la quitterai, pour n'y plus revenir, sans y avoir aperçu la lueur que j'avais souhaitée, sans y avoir trouvé même un instant de recueillement véritable...

Depuis ces derniers jours, dans ces clairvoyances navrées des matins, où je sens que tout m'échappe, de chers visages morts me réapparaissent comme pour me dire l'adieu suprême. Oh! je vivais sans espérance pourtant, ou du moins il me le semblait,

— comme à tant d'autres qui sont en cela mes frères : on s'imagine ne plus rien croire, mais tout au fond de l'âme subsiste encore obscurément quelque chose de la douce confiance des ancêtres. Et maintenant que le Christ est tout à fait inexistant, tout à fait perdu, les figures vénérées et chéries, qui s'étaient endormies en Lui, me font l'effet de s'en être allées à sa suite, de s'en être allées dans un recul plus effacé ; je les ai perdues, elles aussi, davantage, sous une plus définitive poussière. Après la vie, comme dans la vie, pour moi tout est fini plus inexorablement...

Je dois passer mes heures d'aujourd'hui au milieu des représentants de cette attachante Arménie, dont l'histoire n'a cessé, depuis l'antiquité, d'être tourmentée et douloureuse.

Si le Trésor des Grecs est assez difficilement ouvert aux visiteurs, celui des Arméniens ne l'avait même jamais été jusqu'à ce jour ; et, pour obtenir qu'il nous fût montré, il a fallu les aimables instances de notre consul général auprès du bienveillant Patriarche.

Les concessions arméniennes, fortifiées comme

des citadelles du moyen âge, occupent presque la moitié du mont Sion, dont l'autre partie, celle du levant, appartient aux Israélites.

Avant de commencer notre promenade dans ce quartier très spécial, nous voulons faire une visite de remerciement à Sa Béatitude le Patriarche, et, dans une salle de réception grande comme une salle de palais, on nous fait entrer pour l'attendre. Il arrive bientôt par une porte dont la tenture est soulevée presque rituellement par deux prêtres en capuchon noir, et il s'assied près de nous sur son trône. Il a une tête admirable sous l'austère capuchon de deuil, des traits fins d'une ascétique pâleur, une barbe blanche de prophète, des yeux et des sourcils d'un noir oriental. Dans son accueil, dans son sourire, dans toute sa personne, une grâce distinguée et charmante, et une nuance d'étrangeté asiatique. Au milieu de ce cérémonial et de ce lieu anciens, il a l'air d'un prélat des vieux temps. Il nous reçoit d'ailleurs à la turque, — avec le café, la cigarette et la traditionnelle confiture de roses.

En plus de l'église et des couvents, le quartier arménien renferme une immense et antique hôtellerie capable de contenir près de trois mille pèlerins, entre des murailles de trois ou quatre mètres d'épaisseur, avec des silos à provisions et une citerne pouvant fournir de l'eau pour quatre années : toutes les précautions de jadis contre les sièges, les surprises, les massacres.

L'église, où nous pénétrons en dernier lieu, est une des plus anciennes et des plus curieuses de Jérusalem. Près de sa porte extérieure, se trouve encore, pour appeler les fidèles, l'antique *synamdre*, avec lequel nous avions fait connaissance au couvent du Sinaï. Intérieurement, elle tient de la basilique byzantine, de la mosquée et aussi du palais arabe par le revêtement de précieuses faïences bleues qui recouvre toutes ses murailles et tous ses massifs piliers. Les trônes pour les patriarches, les petites portes des sacristies et des dépendances sont en mosaïques de nacre et d'écaille, d'un très vieux travail oriental. De la voûte, descendent des quantités d'œufs d'autruche, enchâssés dans de bizarres montures d'argent ciselé. Sur le maître-autel, pose un triptyque d'or fin à émaux translucides. Des tapis de Turquie, bleus, jaunes ou roses, étendent sur les dalles leur épaisse couche de velours. Et de grands voiles, tombant d'en haut, masquent les trois tabernacles du fond ; — on les change, nous dit-on, chaque semaine ; dans quelques jours, pour la fête de Pâques, figureront les plus somptueux ; en ce moment, ceux qui sont en place et sur lesquels se voient des séries de personnages hiératiques, ont été envoyés, il y a une centaine d'années, par des Arméniens de l'Inde.

C'est là, devant le maître-autel, au milieu de ce décor archaïque et superbe, que des prêtres, au beau visage encadré d'un capuchon noir et d'une barbe noire, nous apportent une à une les pièces du Trésor.

Sans contredit, les Grecs possèdent au Saint-Sépulcre une bien plus grande profusion de richesses; mais le Trésor des Arméniens se compose d'objets d'un goût plus rare. Missel à couverture d'or, offert il y a six cent cinquante ans par la reine de Silicie. Tiares d'or et de pierreries, d'un exquis arrangement. Mitres d'évêque garnies de perles et d'émeraudes. Et des étoffes, des étoffes de fées; une surtout, d'un vieux rose cerise, brocart qui semble tout semé de cristaux de gelée blanche, tout givré d'argent, et qui est brodé de feuillages en perles fines avec fleurs en émeraudes et en topazes roses. De peur que ces choses ne se coupent à force de vieillesse, on les conserve roulées sur de longues bobines que les prêtres se mettent à deux pour apporter, les tenant chacun par un bout. Après des saluts au maître-autel, répétés chaque fois qu'ils entrent, ils étendent ces brocarts par terre, sur les tapis épais. — Et ce sont des scènes de moyen âge, ces respectueux déploiements d'étoffes, dans cet immobile sanctuaire, au milieu du miroitement bleu des faïences murales, — tandis qu'autour de nous des diacres, coiffés aussi de l'invariable capuchon noir, s'empressent aux préparatifs séculaires de la semaine sainte, accrochent des tentures aux piliers, font monter ou descendre, à l'aide de chaînettes d'argent, des lampes et des œufs d'autruche.

A gauche, en entrant dans la basilique, une sorte de niche en marbre, comme creusée dans l'épaisseur du mur, est le lieu où fut décapité saint Jacques et où sa tête est gardée. (Son corps, comme on sait, est en Espagne, à Compostelle.)

Dans des chapelles secondaires, dans des recoins qui communiquent avec l'église par des petites portes de nacre, on nous fait visiter d'autres curieux tabernacles, d'un aspect singulier et presque hindou, voilés par des portières anciennes en velours de Damas ou en soie de Brousse. On nous y montre même des colonnes arrachées jadis à la mosquée d'Omar, et d'ailleurs très reconnaissables. A Jérusalem, où tout est confusion de débris et de splendeurs, ces échanges ne surprennent plus ; au fond de nos esprits, est assise la notion des tourmentes qui ont passé sur cette ville aujourd'hui au calme de la fin, la notion des bouleversements inouïs qui ont retourné vingt fois son vieux sol de cimetière...

Dans une sacristie, revêtue d'extraordinaires faïences sans âge, le prêtre d'Arménie qui nous guide, tout à coup s'exalte et s'indigne contre ce Khosroës II, le terrible, qui, afin de ne rien omettre dans ses destructions, passa cinq années ici à ruiner de fond en comble les églises, à briser tout ce qui ne pouvait être enlevé, qui emmena en captivité plus de cinq mille moines et emporta jusqu'au fond de la Perse la vraie croix. Comme c'est étrange, à notre époque, entendre quelqu'un qui frémit au souvenir de Khosroës !... Plus encore que cette mise en scène dont nous sommes ici entourés, cela nous fait perdre pour un instant toute notion du présent siècle.

Suivant le cérémonial d'Orient, quand nous quittons la vieille basilique si vénérable, un jeune diacre nous attend à la porte pour nous verser, d'un vase d'argent à long col, de l'eau de roses dans les mains.

Vraiment en nous montrant, par exception, leur Trésor, ces aimables prêtres arméniens aux profils de camée nous ont donné là, pour bercer un moment nos déceptions infinies, une très charmante vision de passé, dans leur église de faïence et de nacre.

*
* *

Puisque je suis sur le mont Sion, je vais, jusqu'au coucher du soleil, errer chez ces juifs qui, surtout depuis les dernières persécutions russes, reviennent en masse vers Jérusalem.

C'est aujourd'hui le jour du sabbat, et le calme règne dans leur quartier sordide. Fermées, toutes les petites échoppes où se brocantent la guenille et la ferraille, et on n'entend plus le martelage coutumier des innombrables ferblantiers. Les belles robes de velours et les toques de fourrure qui sont sorties hier au soir des coffres, pour aller au Mur des Pleurs, circulent aujourd'hui au soleil d'avril. Plusieurs personnages en habit de fête se promènent, par les rues empestées et étroites, un livre de psaumes à la main.

La grande synagogue. — Dans la cour dont elle est entourée, jouent des enfants trop blancs et trop roses; jolis quelquefois, mais l'œil trop fûté, l'attitude trop sournoise; déjà l'air d'avoir conscience de l'opprobre héréditaire et de couver des rancunes contre les chrétiens. Leurs cheveux blonds sont tondus ras, excepté au-dessus des tempes où ont été respectées ces mèches qui deviendront plus tard les traditionnelles papillottes, mais qui pour le moment leur font des oreilles d'épagneul.

On éprouve presque un sentiment de pitié, quand, après toutes ces magnificences des églises, on regarde ce pauvre sanctuaire à l'abandon. Des bancs déserts; des murs simplement plâtrés, dont le crépissage tombe. Quelques vieilles barbes, quelques vieilles papillottes grises sommeillent dans des coins, sous leurs bonnets à long poil; d'autres, qui lisaient leur bible à demi-voix chantonnante, en se dandinant comme des ours, nous jettent un regard faux, qui semble glisser le long de leur nez mince. On entre ici le chapeau sur la tête, et le janissaire qui m'escorte y prend une expression de superbe insolence. Des moineaux, nullement gênés par le chevrotement des prières, vont et viennent, apportent des brins de laine et de paille pour leurs nids, qui se construisent au-dessus même du tabernacle, dans les fleurons dorés du couronnement ; ils sont tout ce qu'il y a d'un peu gracieux dans ce temple lamentable. Le soleil printanier, qui tombe à flots au dehors sur les immondices des pavés, sur le bois centenaire des devantures closes, entre ici comme à regret, avec un rayonnement triste sur ces quelques vilains vieillards et sur toutes ces places vides.

Cette nuit qui vient, — et qui est presque la dernière, puisque je quitte après-demain matin Jérusalem, — je veux pourtant la consacrer au Gethsémani, bien que je sois plus que jamais sans espoir à présent...

Depuis tant d'années, j'y avais songé, à une nuit passée là, dans le recueillement solitaire !... Longtemps, après le triste exode de ma foi, j'avais fondé encore sur ce lieu unique je ne sais quelle espérance irraisonnée ; il m'avait semblé qu'au Gethsémani je serais moins loin du Christ ; que, s'il avait réellement triomphé de la mort, ne fût-ce que comme une âme humaine très grande et très pure, là peut-être plutôt qu'ailleurs ma détresse serait entendue et j'aurais quelque manifestation de lui... Et j'y vais ce soir avec un cœur de glace et de fer ; j'y vais par acquit de conscience envers moi-même, uniquement pour accomplir une chose depuis très longtemps rêvée.

Il est onze heures environ, quand je me mets en route, et la lune est haute. Aller là-bas tout à fait seul est impossible, même avec un revolver à la ceinture ; il faut, à côté de moi, un janissaire armé, non pas seulement pour les dangers nocturnes auxquels je ne crois guère, mais à cause des abords défendus du Haram-ech-Chérif par où je dois passer, à cause des portes de la ville qui sont fermées et qui ne peuvent s'ouvrir que sur un ordre du pacha, régulièrement transmis.

Descendant par la Voie Douloureuse, nous traversons d'abord tout Jérusalem, silencieux, obscur et désert. Les maisons sont closes. Dans l'ombre des rues voûtées, tremblent de loin en loin quelques lanternes fumeuses ; ailleurs, les rayons de la lune tombent, découpant des blancheurs sur les pavés, sur les ruines. Le long de notre chemin, personne, que deux ou trois soldats turcs attardés, rentrant aux casernes. Rien que le bruit de nos pas, exagéré sur les pierres sonores, et le cliquetis du long sabre à fourreau d'argent que le janissaire traine.

Il me parle en turc, le janissaire : « Jérusalem, tu vois, le soir, c'est un pays de pauvres, il n'y a rien. Pour nous, les musulmans, il y a ceci... (Et son geste indique l'Enceinte Sacrée, la mosquée d'Omar, dont nous approchons.) Pour toi, chrétien, il y a le Saint-Sépulcre. Mais c'est tout. Le reste ne vaut pas qu'on le compte. Tu le vois, le soir, il n'y a rien. »

Dans ce quartier interdit aux chrétiens qui avoisine la sainte mosquée, le janissaire parlemente avec les sentinelles de nuit, — et nous passons.

Descendant toujours, nous voici, dans le noir d'une voûte de pierres, arrivés à cette porte de la ville qui donne sur la vallée des morts; les chrétiens l'appellent porte Saint-Étienne, et les Arabes, porte de Madame-Marie. Elle est fermée naturellement, et dure à ouvrir, lourde, bardée de fer. Deux des sentinelles du poste de nuit, que le janissaire réveille, la font tourner sur ses gonds énormes. Lentement elle s'ouvre, en grinçant dans tout ce silence, — et alors, de l'obscurité où nous sommes, c'est, dans un éblouissement, la soudaine apparition d'un immense et immobile pays spectral, tout de blancheurs, tout de pierres blanches sous des flots d'une vague lumière blanche: la vallée de Josaphat et le Gethsémani, figés sous la lune de minuit !...

Au-dessous de nous, la vallée se creuse, remplie

du peuple infini des tombes, et en face, sur le versant opposé au nôtre, le Gethsémani monte ; dans tout ce blanc de la montagne, les oliviers se dessinent en taches noires, les cyprès en larmes noires ; les couvents s'étagent ; la grande église russe, avec ses coupoles de Kremlin qui se superposent, a pris, dans l'éloignement et sous la lune, un air de pagode indoue ; l'ensemble, enveloppé de rayons pâles, est charmant cette nuit comme une vision asiatique, mais n'évoque aucune pensée chrétienne. Et c'est un peu plus loin, là-bas, en dehors de tous ces enclos de prêtres et de moines, que j'ai souhaité d'aller...

Mais, au dernier moment, une crainte toujours plus grande m'éloigne de ce lieu, où je sens que je ne trouverai rien. Pour retarder encore l'instant des dernières déceptions désolées, je vais d'abord errer longuement dans tout ce silence, suivre au hasard le lit du Cédron, attendre que peut-être un peu plus d'apaisement recueilli descende enfin en moi-même...

Au cœur de la vallée, à présent, nous arrivons devant les trois grands monolithes d'Absalon, de saint Jacques et de Josaphat, au pied de ces assises de roches dans lesquels ils ont été taillés et où s'ouvrent, béantes, tant d'entrées de sépulcres. Tout ce lugubre ensemble s'avance et se dresse, sous la blanche lune, avec des contours nets et cassants ; on dirait des choses depuis longtemps finies, desséchées, qui ne tiennent qu'à force de tranquillité dans l'air, comme ces momies qu'un souffle suffit à émietter... Vallée de la mort, sol rempli d'os et de poussière d'hommes, temple silencieux du néant, où le son même des trompettes apocalyptiques ne pourrait plus que se glacer et mourir... Et tandis que nous subissons l'oppression des alentours, tandis qu'un effroi immobilisant sort d'entre les colonnes funéraires, monte des profonds trous noirs, voici que, de l'un des grands tombeaux, s'échappe aussi tout à coup le bruit d'une toux humaine, qui semble partie de très loin et de très bas, grossie et répercutée dans des sonorités de dessous terre... Le janissaire s'arrête, frémissant de peur, — et il est pourtant un brave, qui a eu le cou traversé de balles, aux côtés du grand Osman Pacha, le Ghazi, à la glorieuse défense de Plevna. « Oh ! dit-il, il y a des hommes couchés là dedans !... On me retrouverait fou, moi, le lendemain matin... Quels hommes faut-il qu'ils soient, mon Dieu, pour dormir là !... » Sans doute, tout simplement des Bédouins bergers, remisés dans ces vieux sépulcres vides avec leurs moutons ; mais il doit s'imaginer des vampires, des sorciers évocateurs de spectres. Et c'était si imprévu, d'ailleurs, au milieu de ce silence, que j'en ai tremblé comme lui.

*
* *

Allons, l'heure passe. Il est déjà plus tard, sans doute, qu'il n'était quand le Christ fit là-haut sa prière d'agonie, puisque, vers minuit, il fut saisi par la troupe armée. Remontons lentement vers le Gethsémani...

Toujours rien, cependant, au fond de mon âme attentive et anxieuse ; rien que la vague influence de la lune et des tombes, l'instinctif effroi de tout ce pays blanc...

Des fanaux arrivent là-bas, une vingtaine au moins; des gens viennent de la direction d'Ophel et se hâtent, courant presque... Nous n'avions prévu personne cependant, à de telles heures. « Ah ! dit le janissaire avec dégoût, des juifs !... Ils viennent enterrer un mort ! » En effet, je reconnais ces silhouettes spéciales, ces longues robes étriquées et ces bonnets de fourrure. (On sait que chez eux c'est l'usage, à n'importe quel moment du jour ou de la nuit, de faire disparaître tout de suite, comme chose immonde, les cadavres à peine froids.) Et ils se dépêchent, comme des gens qui accompliraient clandestinement une mauvaise besogne, d'enfouir celui-là.

Et enfin, après tant d'hésitations qui ont allongé ma route, c'est le Gethsémani maintenant, ses oliviers et ses tristes pierres. Près du couvent endormi des Franciscains, je suis monté et je m'arrête, dans un lieu que les hommes destructeurs ont laissé à peu près tel qu'il a dû être aux anciens jours.

Je dis au janissaire, pour être seul : « Assieds-toi et reste là ; tu m'attendras un peu longtemps, une heure peut-être, jusqu'à ce que je t'appelle. » Puis, je m'éloigne de lui assez pour ne plus le voir et, contre les racines d'un olivier, je m'étends sur la terre.

Cependant, aucun sentiment particulier ne se dégage encore des choses. C'est un endroit quelconque, un peu étrange seulement.

En même temps que moi, ont semblé monter, là-bas en face, sur le versant opposé de la vallée des morts, les murailles de Jérusalem ; le ravin, au fond duquel passe le Cédron, m'en sépare ; le ravin, ce soir vaporeux et blanc, sous l'excès des rayons lunaires ; et, au-dessus de ces bas-fonds d'un aspect de nuages, ces murailles se tiennent à la même hauteur que le lieu où je suis, suspendues, dirait-on, et chimériques. — D'ici, pendant la nuit d'agonie, le Christ dut les regarder ; sur le ciel, elles traçaient leur pareille grande ligne droite ; moins crénelées sans doute, en ces temps, parce qu'elles n'étaient pas sarrasines, et dépassées par le faîte de ce temple merveilleux et dominateur que nous n'imaginons plus. Cette nuit, au-dessus de leurs créneaux, n'apparaît ni une habitation humaine ni une lumière ; mais seul le dôme de la mosquée d'Omar, sur lequel la lune jette des luisants bleuâtres et que le croissant de Mahomet surmonte. Près de moi, dans mes alentours immédiats, c'est l'absolue solitude ; c'est la montagne pierreuse, qui participe à l'immense rayonnement blanc du ciel, qui est comme pénétrée de lumière de lune et où les rares oliviers projettent leurs ombres en grêles petits dessins noirs.

La clameur des chiens de Jérusalem, qui la nuit est incessante comme dans toutes les villes turques, s'entendait à peine d'en bas, du fond de la vallée ; mais ici elle m'arrive, lointaine, sonore et légère ; des échos sans doute la déplacent, car elle semble partir d'en haut, tomber du ciel. Et de temps à autre s'y mêle le cri plus rapproché, l'appel en sourdine d'un oiseau nocturne.

***

Contre l'olivier, mon front lassé s'appuie et se frappe. J'attends je ne sais quoi d'indéfini que je n'espère pas, — et rien ne vient à moi, et je reste le cœur fermé, sans même un instant de détente un peu douce, comme au Saint-Sépulcre le jour de l'arrivée.

Pourtant, ma prière inexprimée était suppliante et profonde, — et j'étais venu de « la grande tribulation », de l'abîme d'angoisse...

Non, rien; personne ne me voit, personne ne m'écoute, personne ne me répond...

J'attends, — et les instants passent, et c'est l'évanouissement des derniers espoirs confus, c'est le néant des néants où je me sens tomber...

Alors, la voix brusque tout à coup, et presque mauvaise, j'appelle le janissaire qui docilement veillait là-bas : « Viens, c'est fini, rentrons ! »

Et, l'âme plus déçue, vide à jamais, amère et

presque révoltée, je redescends vers la vieille porte garnie de fer, pour rentrer dans Jérusalem,

*
* *

Les soldats de garde l'avaient laissée entr'ouverte, cette porte, à cause de nous, et j'y passe le premier, poussant un peu de l'épaule le battant lourd.

Le factionnaire alors, tiré en sursaut de quelque somnolent rêve, me met la main au collet et jette le cri d'alarme, tandis que je me retourne, dans un mouvement de défense irréfléchie, pour le prendre à la gorge, me sentant d'ailleurs en ce moment irrité et dur, prêt à toutes les instinctives violences. Pendant deux indécises secondes, nous nous maintenons ainsi dans l'obscurité. Les hommes du poste accourent et le janissaire intervient. De part et d'autre, on se reconnaît et on sourit. Vu à la lueur d'un fanal qu'on apporte, il a l'air naïf et bon, ce soldat turc qui m'a arrêté. Il s'excuse, craignant que je ne fasse une plainte; mais je lui tends la main au contraire : c'est moi qui suis dans mon tort; j'aurais dû laisser le janissaire me précéder avec le mot de passe.

En pleine nuit, nous remontons au quartier de

Jaffa, par cette longue Voie Douloureuse, qui n'est plus pour moi qu'une rue quelconque, un peu plus sinistre que les autres, dans une vieille ville d'Orient.

XXII

Dimanche, 15 avril.

Mon dernier jour à Jérusalem, la fin de ce décevant pèlerinage qui, d'heure en heure presque, s'est toujours de plus en plus glacé.

Je m'éveille sous l'impression pénible et dure de la précédente nuit, dans le sentiment, d'abord confus, de je ne sais quoi de fini, ou d'irrémissible, ou d'implacable... Et, de tous côtés, les messes sonnent, les carillons joyeux du dimanche emplissent l'air, — à la glorification de ce Christ que je n'ai pas su trouver. Dans les rues, éclairées au gai soleil du printemps, défilent des cortèges de petites filles allant aux églises sous la conduite des Sœurs, des bataillons de petits garçons en fez et en longue robe orientale, sous la conduite des Frères. Et les femmes chrétiennes de Jérusalem passent aussi, drapées à la turque dans des voiles blancs, et les femmes de Bethléem en hennin garni de pièces d'argent ou d'or, courant toutes où les cloches les appellent.

Maintenant, sous mes fenêtres, la rue entière vibre d'un même cri strident, comme poussé à la fois par des milliers de martinets en délire. Je reconnais ce cri d'allégresse commun à toutes les Mauresques et à toutes les Arabes, ce « you, you, you ! » sauvage dont elles accompagnent les danses et les fêtes. Mais c'est pour le Christ encore, cette fois. C'est un pèlerinage de femmes arrivées du fond de l'Abyssinie, qui font ce matin leur entrée dans la ville sainte et qui la saluent à pleine voix suivant la coutume antique. Vêtues comme les Bédouines du désert, de robes noires et de voiles noirs, elles s'avancent comme une funéraire théorie, comme une traînée de deuil sur les pavés ensoleillés. De minute en minute, elles reprennent leur grand cri aigu, et des prêtres de leur rite, noirs comme elles de robe et de visage, qui les attendaient sur le parcours, répondent chaque fois, avec un geste pour bénir : « Que votre retour soit heureux ! » Graves, concentrées dans leur rêve, elles marchent sans broncher sous les regards rieurs et imbéciles de quelques modernes touristes accoudés aux fenêtres. Je les suis des yeux longtemps, les fantômes à voix de crécelle : tout au bout de la rue là-bas, elles tournent, — et c'est au Saint-Sépulcre qu'elles vont tout droit, de leur pas délibéré et rapide, dans le premier élan de leur extase barbare.

Avant de quitter Jérusalem, je veux aujourd'hui pénétrer une dernière fois dans l'enceinte sacrée des musulmans, revoir la merveilleuse mosquée d'Omar, en rester au moins — faute de mieux, hélas ! — sur le souvenir de cette splendeur.

En s'y rendant, il faut passer devant le Saint-Sépulcre, aux abords duquel, plus que jamais aujourd'hui, la foule se presse. Et, passant là, je veux y entrer aussi, pour l'adieu.

Mais, le péristyle franchi, quand je tente de contourner le grand kiosque de marbre, des soldats turcs en armes me barrent le passage. Ce sont eux qui maintiennent l'ordre ici, qui font respecter, le sabre à la main, les conventions séculaires entre les chrétiens des confessions ennemies. Et aujourd'hui, la place est aux Abyssins et aux Cophtes; couvert d'ornements d'un archaïsme étrange, un évêque au visage noir officie pour des centaines de pèlerins noirs, qui chantent en voix suraiguë, en fausset de Muézin. Je n'ai le droit de regarder que de loin ce qui se passe devant les autels, mais tout cela est inquiétant, idolâtre et sauvage; on dirait, dans les âges passés, le culte de quelque Isis ou de quelque Baal...

Autant cette place du Saint-Sépulcre, constamment ouverte à tous, est étroite, écrasée et sombre, autant il y a d'espace, de vide et de silence, là-bas, autour de la mosquée bleue.

Depuis quinze jours que je n'étais venu dans ce désert de l'Enceinte Sacrée, le printemps y a travaillé beaucoup; entre les vieilles dalles blanches, l'herbe a monté, les coquelicots et les marguerites ont fleuri avec une profusion nouvelle.

Aujourd'hui, sous les quelques arbres centenaires, groupés çà et là au hasard, sont assises à l'ombre, les pieds dans les fleurs, des femmes arabes qui, à notre approche, se voilent jusqu'aux yeux. Mais l'espace est si grand, que leur présence y est comme perdue, et c'est la solitude quand même.

Aux abords immédiats de la mosquée, où les dalles sont plus intactes, où l'herbe est moins haute et plus rare, il y a une morne réverbération de soleil sur le pavage blanc et sur les édicules secondaires, portiques ou mirhabs, dont le sanctuaire est entouré.

À cette plus grande lumière d'aujourd'hui, elle semble avoir vieilli, l'incomparable mosquée d'Omar. Elle garde toujours le brillant de ses marbres et de ses ors, les reflets changeants de ses mosaïques, les transparences de pierreries de ses verrières; mais ses treize siècles se lisent, à je ne sais quoi de déjeté, de poussiéreux que le soleil accentue; elle a l'éclat atténué des belles choses près de finir; elle fait l'effet presque de ces vieux brocarts somptueux, qui tiennent encore, mais qu'on oserait à peine toucher.

Sous le grand rocher noir qui est au centre, on peut descendre, par des marches de marbre, dans une sorte de grotte obscure et infiniment sainte, à laquelle se rattache une légende mahométane sur l'ange Gabriel. La voûte, très basse, en est polie par le frottement des mains où des têtes humaines, — et là encore, on prend conscience d'années sans nombre.

Les sanctuaires des musulmans ne causent jamais, comme les sanctuaires chrétiens, l'émotion douce qui amène les larmes; mais ils conseillent les détachements apaisés et les résignations sages; ils sont les asiles de repos où l'on regarde passer la vie avec l'indifférence de la mort.

En particulier, tout ce silencieux Haram-ech-Chérif, avec sa mélancolie et sa magnificence, est bien le lieu de rêve qui n'émeut pas, qui n'attendrit pas, mais qui seulement calme et enchante. Et, pour moi, il est le refuge qui convient le mieux aujourd'hui ; — de même que cet Islam vers lequel j'avais incliné jadis, pourrait, compris d'une certaine manière, devenir plus tard la forme religieuse extérieure, toute d'imagination et d'art, dans laquelle s'envelopperait mon incroyance.

XXIII

O crux, ave spes unica !

Lundi, 16 avril.

Ce matin, nos chevaux sellés, nos cantines fermées, nous allions quitter Jérusalem et continuer notre route à travers la Galilée, vers Damas la ville sarrasine, pour au moins nous distraire et nous étourdir au charme de mort des choses orientales.

Mais une pluie glacée commence à tomber d'un ciel tout noir. Et c'est le retour subit de l'hiver, avec un grand vent gémissant, des torrents d'eau et de grêle.

Alors, nous décidons de remettre à demain ce départ.

**

La journée se passe, comme celle de notre arrivée ici, au coin du feu et au milieu de gens quelconques, dans l'écœurant ennui d'un salon d'hôtel par temps de pluie, entre les éternels marchands d'objets de piété et les odieuses petites tables de lecture où posent les derniers journaux d'Europe.

Puis, vers le soir, les averses calmées, je m'en vais par les ruelles tristes où les toits s'égouttent; sous le ciel encore tourmenté, je me dirige vers le Saint-Sépulcre une dernière fois, ramené vers ce lieu par un sentiment qui ne se définit plus.

C'est l'heure plus désolée du crépuscule, l'heure où les lampes de nuit n'éclairent pas encore les basiliques, où tout est laissé dans l'obscurité, — et d'ailleurs presque sans surveillance, comme si, en pareil lieu, des profanations, des sacrilèges ne pouvaient jamais être osés.

Près de l'entrée, sur la « pierre de l'onction », une mère a posé son enfant de quelques mois et, avec un sourire de joie confiante, elle l'y fait rouler doucement, pour que toutes les parties de son petit corps aient touché le marbre saint.

Plus loin, il fait sombre, sombre, — et je vais à tâtons, frôlant des groupes indistincts, qui marchent sans bruit. Contre les piliers, contre les colonnes, des masses noires effondrées indiquent la présence des mendiants, des estropiés, des paralytiques, qui sont ici des hôtes éternels. Au-dessous du nuage d'encens qui, là-haut, recueille encore un peu de la lumière des coupoles, l'odeur de cadavre traîne, pesante et fade.

Par les détours, qui me sont familiers à présent, je refais jusqu'en bas, jusqu'à l'étrange crypte profonde de sainte Hélène, le même trajet qu'au lendemain de mon arrivée à Jérusalem, mais avec un cœur infiniment différent et plus durci, où l'émotion première, hélas! ne se retrouve pas.

Ensuite, revenu près du Sepulcre, je monte presque involontairement l'escalier qui mène à la chapelle haute, sur le Golgotha...

Et là même pourtant, dans ce lieu des extases et des sanglots, il ne me semble pas que rien en moi puisse s'émouvoir encore. Tranquillement, j'examine l'autel, les trois croix dressées, les trois grandes images des pâles crucifiés qui se détachent en avant d'une sorte d'arc-en-ciel de vermeil; puis, le plafond très bas, naïvement peint comme un ciel bleu où sont des étoiles d'or et des anges, et des lunes à figure d'homme contemplant la terre. Une pénombre persiste, malgré les cierges et les lampes, dans cette chapelle cependant très petite. Il est tard, et il n'y a plus en ce moment que quelques femmes, assises, en pleurs, dans les coins obscurs.

Mais des gens, avant de quitter le Saint-Sépulcre, continuent de monter ici un à un, pour se prosterner et prier. Je m'appuie à un pilier voisin de l'autel et je les regarde venir.

D'abord paraît un jeune soldat cosaque, l'air martial et superbe, qui se traîne à genoux sous le retable pour baiser la place où fut plantée, dans le roc du Calvaire, la croix de Jésus.

Des femmes de je ne sais quel pays, en longs voiles noirs, lui succèdent, qui, les bras levés, les mains ouvertes, prient avec larmes, en une langue et suivant des rites inconnus.

Une pauvre vieille arrive ensuite, humble, discrète, qui d'abord se met à genoux un peu loin, comme n'osant pas; de son ballot de pèlerine, elle tire son Évangile, ses lunettes, un petit cierge qu'elle allume, et elle s'avance enfin, après une révérence ancienne, pour commencer ses génuflexions et ses prières.

Il y a des intervalles de solitude et de silence, pendant lesquels s'entend à peine, derrière moi, un bruit léger de sanglots.

Et, de nouveau, d'autres viennent encore, qui ont les mêmes yeux d'humilité et de foi...

Après tout, on a bien fait de marquer ce lieu précis, même si c'est une pieuse imposture; pour les *travaillés* et les *chargés*, il y a une indicible joie à venir pleurer là. Et d'ailleurs, si le Christ les voit, ces pauvres prosternés qui prient, que lui importe l'erreur sur la place, pourvu que leur cœur se fonde de reconnaissance et d'amour, sur ce rocher, en souvenir de son agonie.

Oh! ils ont choisi la bonne part, ceux-là qui, sans comprendre, adorent... Et faire comme eux ne serait peut-être pas tout à fait impossible encore aux plus compliqués et plus clairvoyants que nous sommes; faire comme eux, non plus par simplicité — car on ne redevient pas simple, hélas! — mais au contraire par un effort supérieur de notre raisonnement. Car les dogmes inadmissibles, les symboles vénérales, mais vieillis, tout cela n'est pas le Christ, n'est que l'héritage des précédentes générations naïves, — et l'inanité de ces choses ne prouve rien contre lui. Lui, demeure inexplicable toujours et quand même, pour qui prend la peine de sonder en conscience les textes de l'Écriture; et alors, tant que l'énigme subsiste, l'espoir peut durer aussi. Oh! ils sont bornés et puérilement présomptueux, ceux qui se contentent des objections fournies par l'étroite logique humaine, pour oser conclure quoi que ce soit, dans un sens ou dans l'autre, au milieu de l'insondable mystère de tout...

Je sais bien, il y a l'infini de l'espace, de la matière et des mondes, que l'Évangile semble n'avoir pas soupçonné... Et même, dans l'hypothèse admise d'un Dieu s'occupant du rien qu'est la Terre, s'occupant des plus infimes riens individuels que nous sommes, tant de difficultés subsistent encore : en premier lieu, la multitude des âmes amoncelées depuis la nuit des origines, et puis ces âmes inférieures qui se tiennent au-dessous de nous, vagues et inquiétantes, sur les limites mal déterminées de l'animalité...

Le Mal et la Mort, nous arrivons presque à admettre qu'ils soient nécessaires, comme pierres de touche où s'éprouvent les âmes; — et puis, sans cela, il n'y aurait pas la sublime pitié.

La Rédemption déroute notre raison davantage, et, pour ma part, je ne sais plus voir la nécessité de ce moyen; les graves paroles sur ce sujet inscrites en lettres d'or au couronnement de la mosquée d'Omar sont la précise formule de mon doute : « Lorsque Dieu a décidé une chose, il n'a qu'à dire : Sois, et elle est. » Mais le Christ- (oh! ce que je vais énoncer semblera bien impie à plusieurs) — le Christ, en tant que fait homme, et homme de son époque, n'avait peut-être encore, sur son rôle de messie, que la vision symbolique en harmonie avec l'esprit de l'Orient ancien et avec les livres sacrés antérieurs à sa venue. Et les Évangiles, en nous transmettant ce qu'il disait de lui-même, ont pu nous l'obscurcir encore. Il n'était pas chargé de soulever pour nous le voile des causes et des fins inconnaissables, mais peut-être d'apporter seulement au petit groupe humain une lueur, une indication certaine de durée et de revoir en attendant les révélations plus complètes d'après la mort. Qu'importe, mon Dieu, un peu plus d'incompréhensible ou un peu moins, puisque, par nous-mêmes, nous ne déchiffrerons seulement jamais le pourquoi de notre existence. Sous l'entassement des nébuleuses images, rayonne quand même la parole d'amour et la parole de vie !

Or cette parole, que Lui seul, sur notre petite terre perdue, a osé prononcer, — et avec une certitude infiniment mystérieuse, — si on nous la reprend, il n'y a plus rien ; sans cette croix et cette promesse éclairant le monde, tout n'est plus qu'agitation vaine dans de la nuit, remuement de larves en marche vers la mort... Ils ne me contrediront pas, ceux qui ont une fois dans leur vie connu le véritable amour,

— j'entends le plus pur, celui qu'on a pour une mère, pour un fils, pour un frère. Les autres, les indifférents, les cyniques ou les superbes, je parle ici plus que jamais une langue inintelligible pour eux...

Dans la chapelle imprégnée de larmes, où l'air est comme doucement alourdi par les prières des siècles, je repasse en moi-même ces choses déjà cent fois pensées... Mais, pour adorer sans comprendre, comme ces simples qui viennent ici, — et qui sont les sages, les logiques de ce monde, — il faut sans doute une intuition et un élan du cœur qu'ils ont encore et que je n'ai plus....

Derrière moi, maintenant, résonne un bruit particulier de heurt sur le marbre des dalles : un vieil homme à cheveux blancs est là, agenouillé, qui se frappe le front par terre.

Et tout à coup il se relève, les mains jointes, des larmes sur ses joues creuses, les yeux grands ouverts dans une expression de confiance et de joie extraterrestres. C'est un vieillard fini, au visage terreux déjà touché par la mort, — mais à ce moment, transfiguré, d'une beauté triomphante, malgré sa laideur et sa décrépitude. A l'heure de son inévitable destruction, débris qu'il est déjà, il a pu se cramponner des mains à quelque chose de radieux et d'éternel ; aïeul qui s'en va, il sent qu'il les retrouvera là-haut, ses fils peut-être ou ses petits-fils, — quelque petite tête frisée d'enfant... Oh! la foi, la foi bénie et délicieuse!... Ceux qui disent : « L'illusion est douce, il est vrai; mais c'est une illusion, alors il faut la détruire dans le cœur des hommes », sont aussi insensés que s'ils supprimaient les remèdes qui calment et endorment la douleur, sous prétexte que leur effet doit s'arrêter à l'instant de la mort...

Et, peu à peu, voici que je me sens pénétré, moi aussi, par l'impression doucement trompeuse d'une prière entendue et exaucée... Je les croyais finis, pourtant, ces mirages!...

Au Gethsémani, la nuit dernière, il y avait sans doute trop d'orgueil encore dans ma recherche de solitude, et, ici, je suis mieux à ma place de misère, confondu avec ces humbles qui appellent de toute leur âme; ils sont mes égaux d'ailleurs, et je n'ai rien de plus qu'eux; demain, ce sera poussière de mes joies terrestres, et quelques années, courtes comme un jour, me feront pareil au vieillard qui est là... Oh! prier comme lui, quand la fin sera proche; prier comme eux tous!... Me jeter, moi aussi, sur ces pierres du Golgotha et m'y abîmer dans une adoration !... Mais il est trop différent du Christ de mon enfance, ce Christ des icones dorées qu'ils implorent ici, et ces manifestations extérieures, ces élans qui font tomber à genoux, ne sont plus possibles aux hommes de mon temps ; même dans cette chapelle du Calvaire qui, depuis tant de siècles, connaît les sanglots, un sentiment, d'une toute moderne essence, me raidit à ma place et m'immobilise...

Quelque chose cependant commence à troubler mes yeux !... C'était inattendu et c'est sans résistance possible : dans ce retrait du pilier qui me cache, voici que je pleure, moi aussi ; que je pleure enfin toutes les larmes amoncelées et refoulées pendant mes longues angoisses antérieures, au cours de tant de changeantes et vides comédies dont mon existence a été tramée. On prie comme on peut, et moi je ne peux pas mieux. Bien que debout là dans l'ombre, je suis maintenant, de toute mon âme, prosterné, autant que le vieillard en extase à mes côtés, autant que le soldat qui tout à l'heure rampait pour embrasser les pierres. Le Christ ! oh ! oui, quoi que les hommes fassent et disent, il demeure bien l'inexplicable et l'unique ! Dès que sa croix paraît, dès que son nom est prononcé, tout s'apaise et change, les rancunes se fondent et on entrevoit les renoncements qui purifient; devant le moindre crucifix de bois, les cœurs hautains et durs se souviennent, s'humilient et conçoivent la pitié. Il est l'évocateur des incomparables rêves et le magicien des éternels revoirs. Il est le maître des consolations inespérées et le prince des pardons infinis.

Et, en ce moment, si étrange que cela puisse paraître venant de moi, je voudrais oser dire à ceux de mes frères inconnus qui m'ont suivi au Saint-Sépulcre : Cherchez-Le, vous aussi; essayez... puisqu'en dehors de Lui il n'y a rien! Vous n'aurez pas besoin pour Le rencontrer de venir pompeusement à Jérusalem, puisque, s'il est, Il est partout. Peut-être le trouverez-vous mieux que je n'ai su le faire... Et d'ailleurs, je bénis même cet instant court où j'ai presque reconquis en Lui l'espérance ineffable et profonde, — en attendant que le néant me réapparaisse, plus noir, demain.

FIN

ÉMILE COLIN — IMPRIMERIE LE LAGNY

www.ingramcontent.com/pod-product-compliance
Lightning Source LLC
Chambersburg PA
CBHW051912160426
43198CB00012B/1858